Die Thaya von den Quellflüssen bis zur Mündung in die March

e   n

naim

Thaya

Joslowitz

Erdberg

Dürnholz

Maidenburg

Rosenburg

Niklosburg

Eisgrub

Alt-Perau

Lundenburg

Laa a.d. Thaya

Feldsberg

Thaya

Rabensburg

e   r   r   e   i   c   h

Hohenau

March

Hellmut Bornemann

Land an der Thaya

Hellmut Bornemann

Land an der Thaya

Geschichte · Kultur · Landschaft

Eine europäische Region zwischen
Österreich und Mähren

Mit 130 Abbildungen

AMALTHEA

© 2001 by Amalthea
in der F. A. Herbig Verlagsbuchhandlung GmbH,
Wien · München
Alle Rechte vorbehalten
Umschlaggestaltung: Wolfgang Heinzel
Umschlagbilder: I. R. Schönhofer u. W. Znaimer (kl. Foto)
Vorsatzkarte: Anneli Nau, München
Herstellung und Satz: VerlagsService Dr. Helmut Neuberger
& Karl Schaumann GmbH, Heimstetten
Gesetzt aus der 12/16 Punkt Adobi-Garamond
Druck und Bindung: Offizin Andersen Nexö, Leipzig
Printed in Germany
ISBN 3-85002-463-6

Inhalt

Zum Geleit

*D*ie Landschaft zu beiden Seiten der Thaya ist eingebunden in die Geschichte der böhmischen Länder und in die Geschichte Österreichs. Die Besiedlung des niederösterreichischen Wald- und Weinviertels und die Besiedlung Südmährens ist von Bayern und Franken geprägt worden, die nach den Verwüstungen durch den Einfall der Magyaren im 10. Jahrhundert das Land gerodet und urbar gemacht haben. Jahrhundertelang war die Thaya teilweise Grenzfluß, vor allem aber gemeinsamer Lebensraum für die Menschen zu beiden Seiten.

Wie intensiv die Bindungen nach Süden waren, zeigt sich gerade auch in Persönlichkeiten des öffentlichen Lebens, deren Wirkungsbereich über die engeren Grenzen dieses Gebietes hinaus zum Tragen gekommen ist. Der politisch fruchtbare Boden Südmährens hat Österreich auch viele eminente Persönlichkeiten der Politik in der Zeit nach dem Zweiten Weltkrieg geschenkt.

Mit der Schaffung des Nationalparks Thayatal auf niederösterreichischer und auf mährischer Seite wurde ein wichtiger Schritt zur Erschließung dieser eindrucksvollen Landschaft getan. Der vorliegende Bildband von Hellmut Bornemann wird sicherlich viele Freunde für das Land an der Thaya gewinnen.

Otto von Habsburg

Ober Czerekwe · Spilow · Snuchau · Ruprent · Maly · Oslawiska · Petrawelt · Hermanschlag
Jesovit · Bschowitz · Jabluna · Orzechow · Bittiken

Battelau · Bucksu · Dürre · Pirnitz · Chlum · Benetitz · Rohe · Tabow · Groß Bi
Neudorf · Triesch · Stanern · Haßlitz · Radonin · Brantzause · Rudicow · Budischau

Kaliste · Woleschna · Ratzow · Hodlitz · Teschen · Oppatow · Okritzko · Tunaw · Waldich · Nalaut
Zawischna · Herrn Dubenky · Daupie · Mingelayd · Keralitz · Kralshow · Trebitz · Waldich · Postetin · zan

Studein · Lhota · Neswtacle · Przedin · Chlistau · Wladislau · Oi · rischau
Mrakotin · Klein Doitze · Alt Reisch · Bitziancken · Startz · Zlabitz · Petruwky · Namiest · Kralitz

Jenkau · Teltisch · Smolenow · Scheletau · Sadeck · Hojetitz · Treberitz · Koneschin · Snatko · Presnick
Brand · In Retschlitz · Neu Reisch · Wilymae · Gros · sonitz · Bulibowitz · Ratiboritz · Wetschup · Sedlitz · Iglawa flu · Moheln

Walterschlag · Klein Mieslau · Radlitz · Strachonowitz · Kinitz · Mezriteks · Czidlina · Willinowitz · Stropeschin · Kramolein · Senohrad
Lipnitz · Lupolte · Wolfors · Jersitz · Budischko · witz · Leßonitz · Leßui · kw · Waltsch · Dalleschitz · Hruptschitz · Roslewitz

Marckvarets · Datschitz · Dobroholtz · Lom · Stepkau · Lasthau · Bonsov · Skrye · Rohowan · Reschitz
Radisch · Kloster · Rudoletz · Welchng · Chluncoz · Opone · schitz · Dom · amühl · Litahorn · Jarmeritz · Luckau · Misliboritz · Jar

Stoitzen · Zlabings · Lubnitz · Althart · Slawikowitz · Ratzewitz · Budwitz · Worazenitz · Rathowitz · Dalleschitz · Krunku
Altstadt · Ladolts · Menhartitz · Jeretitz · Tietitz · Hosting · Biskupitz · Wesmislitz

Reinolds · Wiespitz · Kornitz · Laas · Lyspitz · Boskofstein · Laykowitz · Ober Kau
Mudlau · Zopons · Hafner · Juden

CIRCULUS ZNOYMENSI

Kautzen · Bittaw · Pißling · Rantzern · Nospitz · Vottau · Schiltern · Paulitz · Niclowitz · Stignitz · Wolf
Wattow · Hoslowitz · Wolframitskirchen · Donawitz

Waldhofen · Ludvels · Trating · Freistein · Edenthurn · Miramutz · Platsch · Durchlag · Hoßerlitz
Raps · Pirnau · Petrein · Frain · Millaschitz · Ednitz · Prostmeritz · Groß Ol
Kirchback · Schafa · Lukau · Guck · erwitz · Bratsch · May

Drosendorf · Heinrichsriet · Maspitz · Leßwitz · ZNAYM · Borotitz
Langenau · Hardeck · Pospitz · Nasche · titz · Hodnits · Positz
Berneg · Pulkau · Knadlersdorf · Raußenbruck · Urbau · Walterwitz
Horn · Egenburg · Retz · Schattau · Klein Tayax
Kalendorf · Joslowitz · Ea

Karholtz

A U S

Nodorf · Pulka fl · Malberg

Spilberg · BRINN · Holabrunn

Ehrnsbr

Malebern

P

Vorwort

*D*as Land an der Thaya entlang des Grenzflusses zwischen Mähren und Niederösterreich, das seit eintausend Jahren Zankapfel und Heimat war, umfaßt eine Reihe von unterschiedlichen Landschaften. Sie reichen von dem einst undurchdringlichen Nordwald westlich des mährischen Thaya-Armes bis an die slowakische Grenze, wo die Thaya schließlich in die March mündet. Der mährische Thaya-Arm kommt aus dem böhmisch-mährischen Höhenzug und vereinigt sich in der niederösterreichischen Stadt Raabs mit dem von Westen kommenden deutschen Thaya-Arm. Von Raabs strebt die Thaya in östlicher Richtung zum Teil sehr verschlungen durch das Urgestein der Ausläufer des böhmisch-mährischen Höhenzuges und bildet gerade in diesem Abschnitt bis zum Austritt in die fruchtbare Ebene Südmährens bei der Stadt Znaim ein besonders anziehendes, von der betriebsamen Außenwelt weitgehend verschontes Stück romantischer Geborgenheit.

Der Kampf der Thaya gegen das Urgestein wird besonders unmittelbar hinter Hardegg, der kleinsten Stadt Österreichs mit einer bedeutenden Vergangenheit als Grafensitz, deutlich. Hier bildet der Thayalauf fast einen ganzen Kreis um einen Bergstock, bevor er den Weg endgültig in seiner angestrebten Richtung fortsetzen kann.

Das Gebiet zwischen Mähren und Niederösterreich ist geprägt von seiner Besiedlung durch Bayern und Franken, von dem Fleiß dieser Menschen, die das Land friedlich in Besitz genommen und im Westteil dem Nordwald Siedlung um Siedlung abgerungen haben. Es bezaubert durch die Schönheit der Landschaft und ist gesegnet im Ostteil durch seinen landwirtschaftlichen Reichtum, den diese Siedler in Jahrhunderten geschaffen haben.

Die Grenze zwischen Mähren und Niederösterreich hat sich in den Jahrhunderten seiner Besiedlung durch die Deutschen verändert, aber die Natur hat durch diese Grenzverschiebungen nicht gelitten. Die Bewohner haben bis zu der Vertreibung in den Jahren 1945/1946 ihr Land mit gleichbleibender Sorgfalt gepflegt und betreut. Es sind unterschiedliche Landschaftsbilder, die – unabhängig von willkürlich gezogenen Staatsgrenzen – als ein Ganzes zu betrachten sind.

Die Würdigung einzelner Persönlichkeiten wie auch wertvoller Kulturgüter und Kunstdenkmäler, die mit diesem Raum verbunden sind, soll neben der Schilderung historischer Ereignisse, sowie einer Wanderung entlang der Thaya zu den

Denkmälern vergangener Jahrhunderte die Eigenart der Landschaft als Naturereignis und als uraltes Siedlungsland aufzeigen.

Das Burgen- und Schlösserland an der Thaya bietet durch die Befestigungsanlagen einen Einblick in seine Siedlungsgeschichte. Diese Anlagen entstanden zum Schutz der Siedler entlang des Flusses, der von Kaiser Heinrich III. und dem böhmischen Herzog Břetislaw um das Jahr 1040 als Grenze festgelegt wurde. Die aus einstigen Burgen und Wehrbauten entstandenen Schlösser legen Zeugnis ab von der Kulturgeschichte dieses Landes und den verschiedenen europäischen Stilepochen. Ein unvergleichlicher Reichtum an historischen Bauwerken prägt das Gesicht dieser Landschaft.

Im März 2001   *Hellmut Bornemann*

Eine Wanderung am Unterlauf der Thaya

*D*er Wald begleitet den Flußlauf an beiden Hängen bis an die Ufer herab, und nur hin und wieder unterbricht eine Wiese den dichten Baumbestand. An den Ufern führen schmale Wege entlang. Am Nordufer muß man, einer verblaßten Markierung folgend, stellenweise die Hände zu Hilfe nehmen, denn der Fluß hat an der Uferböschung genagt und kleine Wegstücke weggeschwemmt.

Das Wasser ist trüb, der Eisengehalt läßt den Fluß dunkel und ernst erscheinen, wenn sich keine Sonnenstrahlen in den Wellen spiegeln.

Es ist eine Landschaft, die in sich ruht und den Gleichklang der Wellen weitergibt. Nach Stunden des Schauens und Hörens auf das Auf und Ab des Wassers, auf den Flug eines Falken, auf das Ächzen eines morschen Zweiges im aufkommenden Wind nimmt man Abschied, wie man Abschied von einem guten Freund nimmt, dessen Nähe man wieder suchen wird als die eines Kraftspenders. In dieser Abgeschiedenheit des Tales wird die Seele weit, schweift durch Raum und Zeit und folgt der Beschaulichkeit einer sich fortsetzenden Kette von Hügeln, durch die sich ein Flußlauf zieht, der das Land verbindet, nicht trennt. Die bewaldeten Hänge lassen den Höhenunterschied vom Kamm der Hügelkette zum Wasserspiegel verschwimmen. Am Berghang sitzend, glaubt man der Wasserfläche nahe zu sein.

Ab und zu treibt ein abgebrochener Ast oder ein Blatt träge den Fluß hinab. Nichts hat Eile. Auch die Ringe nicht, die sich beim Auftauchen der Fische bilden, größer und größer werden, einander umgreifen und wieder vergehen. Der verspielte Flug eines Schmetterlings und das sanfte Wiegen der Wipfel werden zum Ereignis. Mit Mühe muß man sich aus der Versunkenheit lösen, wenn der hereinbrechende Abend den Himmel färbt.

In einer leichten Krümmung des Tales schimmern auf dem gegenüberliegenden Ufer die Umrisse eines Gebäudes durch die tief ins Wasser hängenden Zweige. Das Wehr staut den Fluß an dieser Stelle zu einer ansehnlichen Breite, und der Wassergraben entlang des Gebäudes läßt die Mühle erkennen. Vom Hang der Südseite führt ein Fahrweg direkt auf die Mühle zu. Schließt man die Augen, dann träumt man von den Bauern, wie sie vor langer Zeit mit ihren Fuhrwerken aus den Dörfern der Ebene, die sich jenseits der bewaldeten Berghänge erstreckt, herunterfahren und mit vollen Mehlsäcken den beschwerlichen Aufstieg antreten.

Man vermeint noch das Ächzen der Wagenräder zu hören und das Rufen der Fuhrleute, mit dem sie die Pferde antreiben.

An der Mühle ist die Zeit nicht spurlos vorbeigegangen, weder die ruhige Zeit einer in sich gefestigten Ordnung, in der Saat und Ernte, Korn und Mehl, Dürre und Fruchtbarkeit die Maßstäbe für eine Landschaft und für deren Menschen gesetzt hatten, noch die Zeit danach. Aus der guten alten Zeit stammt die Fassade des Gebäudes. Einer aus der langen Reihe der Müller wollte wohl seiner Freude an den Schönheiten dieser Erde Ausdruck verleihen und ließ den Baustil, den er auf seinen Wanderjahren in der Hauptstadt bewundert hatte, in diese Flußeinsamkeit übertragen. Die Barockfassade hat allerdings unter der lange währenden Vernachlässigung des »Nachher« stark gelitten. Große Teile des Verputzes sind diesen Jahren zum Opfer gefallen, seitdem sich kein Mühlrad mehr dreht.

Den Weg aus der fruchtbaren Ebene zur Mühle hinunter hat ein Wasserlauf schon vor undenklichen Zeiten bereitet, dem man es heute nicht mehr ansieht, daß er den Berghang einst aufreißen konnte. Ruhig führt er sein Wasser den Hang hinunter, und nur zur Zeit der Schneeschmelze oder bei starken Regenfällen stellt er heute noch seine Kraft unter Beweis. Die Brücke, die kurz vor der Mühle die beiden Bachufer verbindet, scheint für das schmale Rinnsal eher zu mächtig. Vor der Brücke steht auf einem Sockel ein steinerner Nepomuk. Der alte böhmische Heilige mußte wohl schon oft bei Hochwasser seine schützende Hand über Brücke und Mühle halten.

Flußaufwärts führt der Weg an einer weiteren Mühle vorbei, die ihre ursprüngliche Aufgabe auch schon längst eingebüßt hat und nun sich als Zweitwohnung für lärmgeschädigte und ruhebedürftige Großstädter vortrefflich eignet.

Vom jenseitigen Berghang grüßt ein Mausoleum, das an eine unglückliche Begebenheit nach den Wirren des Ersten Weltkrieges und an den Selbstmord einer Schloßherrin nach einem Duell erinnert. Wenig später nimmt die Ruine Kollmitz den Blick gefangen. Von hier ist es nur noch ein Stück flußaufwärts, bis sich über einer Felsnase beim Zusammenfluß der beiden Thaya-Arme die gut erhaltene Burganlage Raabs erhebt.

Das Thayatal bei Kollmitz

12

Zwei Frauenschicksale an der Thaya

Die Burg von Raabs beim Zusammentreffen der deutschen und der mährischen Thaya-Arme kann auf eine lange Geschichte zurückblicken. Es ist die Geschichte der Reichsgrafschaft Raabs, die für die Besiedlung des Raumes bis weit hinein nach Böhmen und Mähren von entscheidender Bedeutung war. Geht man gedanklich noch vor die Zeit der Reichsgrafschaft zurück, dann begegnet man aus der Zeit der Ostbesiedlung durch Kaiser Karl den Großen einer fränkischen Siedlung an diesem wichtigen Handelsweg von der Donau nach Böhmen und Mähren. Zu jener Zeit erhielt der Ort nach dem fränkischen Edlen Ratgaoz seinen Namen, der nach vielen Lautverschiebungen schließlich in dem heutigen Raabs seine endgültige Fassung erhalten hat. Wie wichtig dieser Platz in der Karolingerzeit für die Nachbarn im Norden war, ergibt sich aus der Tatsache, daß für die Bewohner in dem bayerisch-fränkischen Siedlungsgebiet an beiden Seiten der Thaya die Bezeichnung »Ragouzi« verwendet wurde und dieser Begriff in der tschechischen Sprache für alle Österreicher Eingang gefunden hat.

Standbild Kaiser Karl des Großen

Kehren wir in das frühe 13. Jahrhundert und in die Reichsgrafschaft Raabs zurück. Da keine männlichen Nachkommen vorhanden waren, wurde Sophie Burgherrin von Raabs und erhielt nicht nur die Reichsgrafschaft von Raabs, sondern auch die Burg von Nürnberg, die zu der Reichsgrafschaft gehörte.

Diese Verbindung von Nürnberg und Raabs zeigt deutlich, daß vom Reich dem Standort Raabs eine besondere Bedeutung zugemessen wurde. Als Reichsgrafen – und es gab mehrere Reichsgrafschaften an der Grenze zu Mähren, die offensichtlich mit der »Böhmischen Mark« des 11. Jahrhunderts im Zusammenhang stehen – hatten die Herren von Raabs eine besondere Stellung im Reich.

Sie unterstanden unmittelbar dem König bzw. Kaiser und nicht den Markgrafen der Ostmark. Den Reichsgrafen war daher auch die Teilnahme an den Reichstagen gesichert und damit die Mitwirkung am Geschehen im Reich. Die Verbindung von Raabs und Nürnberg deutet auf ein besonderes Treueverhältnis dieses Grafengeschlechtes zum König bzw. Kaiser.

Über die Erbin der Reichsgrafschaft, über das Leben der Sophie von Raabs, wissen wir nicht viel. Wir können aber im »Almanach der deutschen Herrscherhäuser« nachlesen, daß Sophie von Raabs einen Herrn von Zollern geheiratet hat und durch diese Ehe die Zollern Burgherren von Nürnberg wurden. Aus diesen Burgherren wurde schließlich das deutsche Kaisergeschlecht der Hohenzollern,

Burg Raabs (Raps) im Mittelalter

und Sophie von Raabs steht als Ahnherrin des deutschen Kaiserhauses im Stammbaum. So geht die Reichsgräfin von Raabs an der Thaya in die deutsche Geschichte ein.

Folgt man von Raabs der Thaya flußabwärts bis zu den letzten Hügeln, die den Fluß an beiden Seiten begleiten, und stellt die Zeituhr in das 11. Jahrhundert, dann begegnet man einem zweiten Frauenschicksal an der Thaya. Von diesem kennen wir mehr Details eines reich bewegten Lebens.

Judith von Schweinfurt wurde um 1005 als Tochter des Heinrich auf dem Nordgau geboren. Sie ist unmittelbar verwandt mit dem Hause Wittelsbach. Aufgezogen in einem Kloster in der Nähe von Schweinfurt, sollte etwa um 1025 ihr beschauliches Leben plötzlich eine Wende nehmen.

Versuchen wir zunächst die äußeren Umstände der folgenden Ereignisse in das Zeitgeschehen einzuordnen: Der deutsche Kaiser Heinrich III. war intensiv bemüht, die Besiedlung im Südosten des Reiches durch Bayern und Franken entlang der Donau bis an die March und die Thaya endgültig zu sichern. Dabei muß-

15

te auch der böhmisch-mährische Raum ständig im Auge behalten werden. Das Vordringen der Polen nach Mähren stand den kaiserlichen Plänen im Wege. Als Břetislaw, der Sohn des böhmischen Herzogs Udalrich, den Kampf gegen die Polen aufnahm, wurde er vom Kaiser unterstützt. Břetislaw gelang es tatsächlich, die Polen aus Mähren zu verdrängen. Ob und inwieweit die folgende Berichterstattung dem tatsächlichen Geschehen entspricht, wird von manchen Historikern in Zweifel gezogen. Halten wir uns trotzdem an die folgende abenteuerliche Erzählung und schenken wir ihrem Übermittler Glauben.

Břetislaw mag nach seinem Sieg über die Polen auf dem Weg zum deutschen Kaiser gewesen sein, vielleicht war er auch schon auf dem Rückweg. In einem Kloster bei Schweinfurt erblickte er die schöne Judith und entschloß sich kurzerhand, die bayerische Prinzessin in seine Heimat zu entführen. Der Raub der Prinzessin gelang und Judith befand sich in Böhmen. Es wird behauptet, daß schon ein Heer auf bayerischer Seite aufgeboten war, um die Geraubte zu befreien. Doch es kam zu keiner kriegerischen Auseinandersetzung. In den Geschichtsbüchern können wir jedenfalls nachlesen, daß Judith die erste bayerische Prinzessin auf dem böhmischen Herzogthron war, nach dem Břetislaw seinem Vater als Herzog von Böhmen gefolgt war. Judith gebar ihm fünf Söhne und eine Tochter.

So abenteuerlich nach der Überlieferung der Weg der bayerischen Prinzessin begonnen hatte, so unruhig sollte sich ihr weiterer Lebensweg nach dem Tod ihres Mannes im Jahre 1055 entwickeln. Nach einer Urkunde aus dem Jahre 1054 hatte Břetislaw die Macht in Böhmen und Mähren unter seinen Söhnen aufgeteilt. Den ältesten Sohn Spitignew bestimmte er zum Nachfolger als Herzog von Böhmen, dem jüngsten Sohn Konrad, Judiths Lieblingssohn, übertrug er das Fürstentum Znaim, da dieser nach Aussagen des böhmischen Chronisten Cosmas der deutschen Sprache mächtig war. Nach dem Tod Břetislaws verfügte Spitignew die Ausweisung der Deutschen aus Böhmen, und Judith zog zu ihrem Lieblingssohn Konrad in ein Schloß an der Thaya, das direkt am Fuß der Stadt Znaim lag. Zu dieser Zeit bildete die Thaya die Grenze zu Österreich.

Von Judiths Schloß ist nichts erhalten geblieben, und über ihr Schicksal in den Jahren bis zu ihrem Tod 1058 gibt es keine schriftliche Überlieferung, es existiert auch keine Begräbnisstätte der Herzogin. Nur über einen kleinen Umweg, über ein besonders wertvolles Baudenkmal und über die Gründung eines Prämonstratenser-Chorherrenstiftes, läßt sich eine Brücke zu Judiths Jahren an der Thaya herstellen.

Im Jahre 1190 gründete der böhmische Herzog in unmittelbarer Nachbarschaft zu dem ehemaligen Schloß an der Thaya das Prämonstratenser-Chorherrenstift Klosterbruck. Schon die Anwesenheit bedeutender Vertreter der böhmischen Herrscherfamilie läßt die Vermutung aufkommen, daß dieses Stift im

Stift Klosterbruck (Ansicht 16. Jahrhundert)

16

Mausoleum für die Herzogin?
Krypta der Stiftskirche
zu Klosterbruck

Gedenken an die Herzogin Judith gegründet wurde. Es gibt aber einen weiteren, sehr viel wichtigeren Hinweis auf die Anwesenheit Judiths an der Thaya.

Im 19. Jahrhundert entdeckte man unter der Kirche des Stifts eine Krypta, die lange Zeit unzugänglich war. Die romanische Ausgestaltung der Krypta mit den mächtigen Pfeilern verweist darauf, daß dieses Bauwerk schon vor 1190, dem Gründungsjahr des Stiftes, vorhanden gewesen sein muß. Genaue Vermessungen haben bestätigt, daß die Mauern der Krypta mit den Außenmauern des Kirchenschiffes nicht übereinstimmen, das heißt also, daß beide Bauwerke unabhängig voneinander entstanden sind. Was liegt näher als die Vermutung, daß diese Krypta als Begräbnisstätte für die bayerische Prinzessin auf dem böhmischen Herzogthron gedient haben könnte. Vielleicht war sie auch nur für einen bestimmten Zeitraum vorgesehen gewesen. Daß an keinem Ort, weder in Prag noch an einem anderen Ort in Böhmen oder Mähren, eine Grabstelle an Judith erinnert, erhärtet die Vermutung, daß diese Krypta in Klosterbruck als Mausoleum für die Herzogin errichtet wurde.

So unterschiedlich die Schicksale der bayerisch-böhmischen Herzogin und der Reichsgräfin von Raabs und Nürnberg verlaufen sind, die Bedeutung der beiden Frauengestalten für die böhmische, beziehungsweise für die deutsche Reichsgeschichte ist offenkundig.

Schlösser, Burgen und Ruinen an der Thaya

*D*ie Kupferstecher des 16. und 17. Jahrhunderts haben den Verlauf der Thaya nur sehr ungenau in den von ihnen veröffentlichten Karten wiedergegeben. Auch die Lage der Orte entlang des Flusses und deren Schreibweise läßt darauf schließen, daß die Darstellungen zum Teil der eigenen Phantasie entsprachen und immer wieder von früheren Kartenzeichnungen Fehler übernommen wurden.

Auch der Kartenausschnitt von Joan Bussemecher aus dem Jahre 1594 stellt die beiden Thaya-Arme, den Verlauf des Flusses und die den Fluß begleitenden Orte sehr eigenwillig dar.

Die Thaya weist auf ihrem Weg von ihren beiden Quellflüssen bis zur Mündung in die March Streckenabschnitte mit recht unterschiedlichen Landschaftsbildern und mit unterschiedlichem Gefälle auf. Während der mährische Thaya-Arm bis zu seiner Vereinigung mit der deutschen Thaya in Raabs 62 Kilometer mit seinem Gefälle von etwa 250 Metern zurücklegt, ist der gesamte Streckenabschnitt

Kartenausschnitt aus Joan Busse-mechers Moravia (1594)

von der Quelle der deutschen Thaya bis zur Vereinigung mit der March 235 Kilometer lang und hat ein Gefälle von 510 Metern. Nach dem Verlassen der Ausläufer des böhmisch-mährischen Höhenzugs in der Gegend von Znaim führt das geringe Gefälle des Flusses von nur 60 Metern bis zur Mündung in die March zu erheblichen Beeinträchtigungen für die angrenzenden Felder und Wiesen. Erst gegen Ende des 19. Jahrhunderts wurde durch Regulierungen des Flußlaufes die Situation für die anliegenden Gemeinden verbessert.

Der Charakter des Flusses hat bei der Namensgebung durch die Siedler eine wichtige Rolle gespielt. Lange Zeit wurde der Name Thaya als »Rauschender Fluß« der illyrischen Sprachfamilie zugeordnet und so von Veröffentlichung zu Veröffentlichung weitergegeben. Aber weder in ihrem Oberlauf bei der Reise durch das Waldviertel, noch nach ihrem Austritt aus dem Hügelland ist das Rauschen des Flusses, mit Ausnahme an den in der Thaya errichteten Wehren, wahrzunehmen. Der böhmische Chronist Cosmas schildert den Flußlauf im Jahre 1082 bei seiner Beschreibung der Grenze zwischen Mähren und Niederösterreich – sicherlich mit Blick auf das Teilstück jenseits des vom Wald beschützten Tales –: »Nicht Wald, nicht Berge noch sonst ein Hindernis trennt die beiden Länder, sondern ein Flüßchen namens ›Dia‹, das durch ebenes Gebiet fließt, scheidet sie kaum.«

Der so beschriebene Flußlauf läßt Zweifel aufkommen, ob die illyrische Deutung des Namens diesem Fluß gerecht wird. In einer eingehenden Auseinandersetzung mit der möglichen Ableitung des Namens sind in den letzten Jahren Sprachforscher übereinstimmend zu der nordischen Grundlage »Dy« als der Bezeichnung für Schlamm gekommen. Daraus entstand nach ihrer Meinung bei dem

Der Chronist Cosmas

Thayaquelle bei Schweiggers im Waldviertel

20

in diesem Gebiet lange siedelnden germanischen Stamm der Rugier die Bezeichnung »Duhja« für die »Schlammige«. Die Slawen haben diesen Namen übernommen und zu »Dyje« geformt, bis bei den deutschen Siedlern um die Jahrtausendwende daraus schließlich die »Thaya« wurde. Der Hinweis auf die »schlammführende« Thaya, die nach dem Verlassen des Waldviertels immer wieder über die Ufer trat und die angrenzenden Flächen überschwemmt hatte, entspricht im Unterlauf einem träge fließenden Wasser, das nach Überschwemmungen Schlammassen in großem Umfang mit sich führte. Somit scheint der Fluß erst über die germanische und slawische Benennung zu seinem heutigen Namen gefunden zu haben.

Von blühenden Wiesen beschützt: der Thaya-Bach

In Raabs an der Thaya treffen sich die beiden Thaya-Arme. Die mährische Thaya, aus dem böhmisch-mährischen Höhenrücken kommend, nähert sich von Norden, wo sie auf den zwischen Zwettl und Gmünd bei Schweiggers im niederösterreichischen Waldviertel entspringenden deutschen Thaya-Arm trifft.

Folgt man zunächst dem deutschen Thaya-Arm, dann begleiten die unzähligen Windungen des Flusses Wiesen und Wälder, unterbrochen von aufragenden Felsgruppen. Mühlen nutzten den Wasserweg. Sie halfen die Besiedlung des Landes zu sichern und ermöglichten den Siedlern von Süden aus den Weg in den einst undurchdringlichen Nordwald. Weit in das heutige Böhmen und Mähren hinein erstreckte sich dieses Waldgebiet; es gab Raum für die Siedler aus Bayern und Franken, die seit dem 11. Jahrhundert ihr Siedlungsgebiet nach Norden ausdehnten. Die heute jenseits der niederösterreichischen Grenze liegenden Gründungen dieser frühen Siedler führten bis zur Vertreibung im Jahre 1945 in ihren Namen die Erinnerung an die Rodungsarbeit ihrer Vorfahren, die aus dem undurchdringlichen Wald eine Kulturlandschaft schufen. Siedlungsnamen wie *Heinrichschlag, Ulrichschlag, Otterschlag,* um nur einige aufzuführen, weisen sowohl auf die Rodungsarbeiten als auch auf die Anführer dieser Siedler hin, die dem Ruf in das Rodungsland gefolgt waren. Über Jahrhunderte sollte der »Nordwald« seine Bedeutung für diesen Raum behalten. Noch 1461 wird in einer Urkunde des Stiftes Zwettl aufgeführt: »Intra et extra silvam norticam«. Von der Reichsgrafschaft Raabs aus wurde die Kolonisation über die Städte Neubistritz und Zlabings hinaus zielbewußt gefördert. Aus diesem Rodungsgebiet entstand eine Landschaft, die von Teichen und Seen, von bewaldeten Hügelketten und vom Bauernland geprägt wird.

Kehren wir zum deutschen Thaya-Arm zurück und verfolgen wir den Flußlauf in Richtung Raabs. Bei *Schweiggers* steht ein Hinweis auf die Quelle dieses Thaya-Armes.

Erst ist die Thaya ein schmaler Bach, der über Wiesen seinen Weg antritt, um später die Kraft aufzubringen, sich seinen Weg durch das Urgestein zu bahnen.

Auf seinem weiteren Lauf durch das Waldviertel finden sich alte Siedlungsplätze und frühe Befestigungsanlagen, die diese Niederlassungen sichern mußten.
Um 1150 gehört »Swarcenawe«, das heutige *Schwarzenau*, zum Bistum Passau.

Um diese Zeit erhält Heinrich von Kamegg-Allensteig vom Bischof Konrad
von Passau den Zehent von Schwarzenau.

1197 ist ein Edler Pilgrim von Schwarzenau genannt, der wohl als der Grün-
der der ersten Burg in diesem Ort zu gelten hat, die als Wasserburg gebaut wurde.
Aus einem Kaufvertrag von 1592 ergibt sich, daß zu dieser Zeit die Burg bereits
verfallen war. Mit dem Bau des Schlosses hatte man bereits begonnen. Kurze Zeit
später dürfte das Schloß schon in der heutigen Form bestanden haben. Das durch
häufigen Besitzwechsel und durch die russische Einquartierung nach dem letzten

Eingebettet in der Landschaft:
Schloß Schwarzenau

Krieg heruntergekommene und wieder vollständig renovierte Schloß, in das Teile der alten Burg übernommen wurden, zählt zu den schönsten Renaissanceschlössern Österreichs. Vor allem die mit reichen Stuckarbeiten verzierten Innenräume geben dem Bauwerk einen repräsentativen Charakter.

Nach Schwarzenau erreicht die Thaya *Meires.* Kurz vor Meires steht noch ein altes Mühlengebäude an der Thaya. Die

Schloß Schwarzenau.
Ansicht aus dem Schloßpark

Mühlenräder sind nicht mehr vorhanden und sicherlich hat auch das Mühlwerk schon lange ausgedient.

Für die frühen Siedler in diesem Raum war das Vorhandensein der Mühle jedoch ebenso wichtig wie der Schutz durch die Wehranlagen. Die einstige Burganlage von Meires, von der kaum noch Reste erhalten sind, steht auf einer Anhöhe an der linken Thaya-Seite. Die Anlage wurde 1474 zerstört und danach nicht wieder aufgebaut.

Ende des 16. Jahrhunderts wurde im Ort ein Wasserschloß errichtet, das in der ursprünglichen Form erhalten geblieben ist.

Vom Glanz der einstigen Stadtburg von *Waidhofen* oberhalb der Thaya, die zu einem Schloß umgebaut worden war, ist kaum etwas erhalten geblieben. Der Name der Stadt wird auf einen Jagdsitz der niederösterreichischen Herzöge aus dem Jahre 1171 zurückgeführt. Die Burg wurde auf einer Felskuppe errichtet. Die Nachbarschaft zu Böhmen und Mähren zwang die Bewohner zu starken Befestigungsanlagen; häufig wurde der Ort angegriffen und geplündert.

Auf dem Weg zur Schlacht im Marchfeld zwischen Dürnkrut und Jedenspeugen im Jahre 1278 zogen die plündernden und mordenden Heerscharen des böhmischen Königs Přemysl Ottokar II. durch Niederösterreich und verwüsteten unter anderen Städten und Dörfern auch Waidhofen. Ein halbes Jahrhundert später war es König Johann von Böhmen, der das wieder aufgebaute Waidhofen neuerlich zerstörte. Im 15. Jahrhundert kamen die Hussiten, die mit ihren Raub- und Plünderungszügen den Bewohnern Schrecken und schweres Leid zufügten.

In vielen Windungen des Flusses auf seinem weiteren Weg wechseln zu beiden Seiten dichter Baumbestand und weitläufige Wiesen an den Ufern. Wie schon in frühen Tagen, wird auch heute ein großer Fischbestand in diesem Teil der Thaya nachgewiesen.

Schon aus einiger Entfernung sind die Türme und Mauern der Schloßanlage von *Dobersberg* gut zu erkennen. Das Renaissanceschloß wurde 1570 von Siegmund Freiherr

Linke Seite:
Früheres Mühlengebäude
an der Thaya

Folgende Seite:
Schloß Meires, Innenhof

Schloß Meiers.
Blick in den Innenhof

Schloß Waidhofen an der Thaya.

Rechts: Die Deutsche Thaya vor Dobersberg

von Puchheim errichtet. Zu Beginn der Siedlungsgeschichte befand sich in der Siedlung Dobersberg ein befestigter Wirtschaftshof, der von Lehensrittern betreut wurde und den Siedlern Schutz bot. Die starken Mauern des heutigen Schlosses erinnern an die Überreste einer Burganlage.

Im Dreißigjährigen Krieg wurde das Schloß und seine Umgebung von den Hussiten heimgesucht und 1619 von böhmischen Truppen geplündert. Die Besetzung durch russische Truppen am Ende des Zweiten Weltkriegs führte zu Plünderungen und Verwüstung des Anwesens, wie dies auch im Schloß Schwarzenau der Fall war. Das Anwesen wurde schließlich von der Gemeinde Dobersberg übernommen und 1972 den Möglichkeiten entsprechend wieder hergestellt.

Nach einer Schleife des Flusses bei dem Ort *Waldkirchen* wendet sich die Thaya nach Südosten. Nach einer kurzen Wegstrecke erblickt man auf einer Felsnase über dem Fluß die mittelalterliche Burg *Karlstein.*

Schon im Jahr 1188 ist sie unter dem Burgherrn und Gefolgsmann der Grafen von Pernegg, Hugo de Karelstete, in einer Urkunde erwähnt. Die Burg mußte oft gegen Angriffe von Nachbarn aus dem Norden, gegen Hussiten und gegen Schweden verteidigt werden.

Rechts:
Schloß Dobersberg. Gesamtansicht

Schloß Dobersberg. Nordseite

Burg Karlstein. Blick aus dem Thayatal

Aufgrund ihrer günstigen Lage und der starken Verteidigungsanlagen konnten alle Angriffe erfolgreich abgewehrt werden, eingenommen wurde die Burg nie. Vom Fluß aus kann man die imposante Größe dieser Burganlage besonders gut erkennen.

In *Raabs a.d. Thaya* endet der deutsche Thaya-Arm, der sich hier mit dem mährischen Thaya-Arm vereinigt.

Burg Karlstein

Begleiten wir nun die mährische Thaya von ihrem Quellgebiet bis zu ihrem Zusammentreffen mit der deutschen in Raabs. Sie entspringt am Fuße des böhmisch-mährischen Höhenzuges bei *Swietlau* und kommt fast genau aus Norden auf Raabs zu. Die Quelle dieses Thaya-Armes liegt 662 Meter über dem Meeresspiegel in der Nähe von *Teltsch*, jenem Kleinod im südmährischen Hochland, das durch die Anlage der Stadt, durch den Schmuck seiner Patrizierhäuser sowie das im 16. Jahrhundert entstandene Schloß beeindruckt. Besonders ansprechend ist der Blick vom Schloß auf den Schloßhof und auf den Teilausschnitt des Stadtbildes im Hintergrund.

Das Schloß Teltsch gehörte fast dreihundert Jahre – bis 1604 – dem Geschlecht der Rosenberger-Wittigonen, die neben Teltsch die Schlösser Rosenberg, Krumau, Neuhaus und Wittingau in Böhmen zu ihrem Besitz zählten. Aus der einst gotischen Burg wurde 1549 das herrschaftliche Renaissanceschloß Teltsch errichtet. Die Bauherren waren Zacharias und sein Sohn Adam von Neuhaus. Unterstützt wurde die Bautätigkeit von italienischen Meistern, die es verstanden haben, ein der Gegend angepaßtes Kunstwerk zu errichten.

Eindrucksvoll ist der prunkvolle Giebel an der dem Garten zugewandten Südseite. Reich bemalt mit Sgrafitti sind die Innenräume, so die Schatzkammer und der Speisesaal. Einen besonderen Eindruck vermittelt im Obergeschoß des nördlichen Palas der goldene Saal mit reich geschnitzter und vergoldeter Kassettendecke und der blaue Saal.

Während Teltsch etwas abseits der mährischen Thaya liegt, befindet sich der Ort *Datschitz* unmittelbar an der Thaya. In Datschitz überrascht die Tatsache, daß der Ort gleich zwei Schlösser beherbergt. Das sogenannte alte Schloß, ein Renaisssancebau aus dem frühen 16. Jahrhundert, und das sogenannte neue Schloß, das etwa einhundert Jahre später entstanden ist.

Schloß Teltsch, Blick vom Schloßhof zur Stadt

Folgende Seite: Schloß Teltsch. Innenhof

Altes Schloß Datschitz

Neues Schloß Datschitz

Der Ort *Althart* liegt etwas abseits der mährischen Thaya. Im Jahre 1353 wird eine Feste in Althart erwähnt, die jedoch schon 1415 verödet ist. Wahrscheinlich an Stelle dieser Wehranlage wurde das Schloß errichtet, das im Stil des frühen 17. Jahrhunderts entstand.

1726 wurde unter Freiherrn von Deblin mit dem Umbau des Schlosses begonnen, der 1733 fertiggestellt wurde. Der mächtige dreigeschossige Flügelbau wurde durch ein viertes Geschoß ergänzt. Die reich stuckierte Schloßkapelle ziert ein schönes Deckenfresko.

Der letzte Ort auf mährischer Seite, der ebenfalls ein Schloß beherbergt, ist *Piesling*, der in einer Urkunde des Jahres 1366 erwähnt ist. Die Burg wurde in der ersten Hälfte des 17. Jahrhunderts in ein Schloß umgebaut. Dieses Stadtschloß er-

Ein imposanter Bau des 18. Jahrhunderts: Schloß Althart

innert an einen bäuerlichen Vierkanthof, der zu einem Renaissanceschloß umgebaut wurde.

Nach dem Überschreiten der niederösterreichischen Grenze stoßen wir in *Weikartschlag* an der mährischen Thaya auf eine Ruine, die an eine Strafexpedition der österreichischen Herzöge im Jahre 1399 erinnert. Der Ortsname weist auf die Rodungsarbeiten der Siedler im Nordwald unter dem Edlen Wichert hin.

Schon im Jahre 1276 hatte Přemysl Ottokar II., der für so viele blutige Auseinandersetzungen im Grenzgebiet verantwortlich ist, gegenüber dem deutschen König Rudolf I. vergeblich Ansprüche auf diese bedeutende Grenzburg geltend gemacht.

Nächste Seite: Schloß Piesling

41

Der heilige Nepomuk am Zusammenfluß der beiden Thaya-Arme

Rechts: Die mährische Thaya bei Weikartschlag

Ruine Weikartschlag

Zerstört wurde die Burg schließlich, als Ulrich von Rosenberg aus Böhmen sich ihrer bemächtigt hatte und vertrieben werden mußte. Wie die deutsche Thaya führt auch der mährische Thaya-Arm sein Wasser ruhig dem Treffpunkt Raabs zu.

Kurz vor dem Zusammentreffen der beiden Thaya-Arme führt eine Brücke über die mährische Thaya, die der heilige Nepomuk beschützt. Mächtiger wirkt die Thaya nach der Vereinigung unterhalb der Burg von Raabs.

Raabs ist sowohl mit der karolingischen Besiedlung der Ostmark entlang der Donau als auch mit der späteren Siedlungsgeschichte unter den Ottonen verbunden, die nach der Schlacht auf dem Lechfeld im Jahre 955 und der Vernichtung der magyarischen Streitmacht die Besiedlung des Raumes vorantrieben. Die Sicherung dieses Raumes war schon in früher Zeit notwendig, um den Handelsweg, die »Böhmerstraße – via bohemica«, zu schützen, die von der Donau nach Böhmen und Mähren führte. Die Grafschaft Raabs spielte später in den Plänen des böhmischen Königs Přemysl Ottokar II. zur Ausdehnung seines Machtbereiches in den österreichischen Raum eine besondere Rolle.

Cosmas, der böhmische Chronist, nennt die Burg gegen Ende des 11. Jahrhunderts »Castrum Rakouz«. Sie wurde 1386 von Niklas Ostraba aus Böhmen

Nach der Vereinigung der beiden Thaya-Arme: Burg Raabs von Norden

eingenommen und erst unter großen Anstrengungen von dem Burgherrn von Puchheim wieder zurückerobert. Während des Dreißigjährigen Krieges, im Jahre 1620, zwang Maximilian von Bayern mit kaiserlichen Truppen den evangelischen Burgherrn Andreas von Puchheim zur Kapitulation. Der Blick von der Ostseite auf die Burg zeigt den schwer einnehmbaren Standort der Feste.

Für die Besiedlung des Nordwaldes und die Kultivierung des Gebietes durch die bayerischen und fränkischen Siedler spielte die Reichsgrafschaft Raabs eine wesentliche Rolle. Ein wichtiges Dokument zur Siedlungsgeschichte in diesem Raum stellt die Urkunde vom 8. April 1175 dar, in der der Burggraf von Raabs und Nürnberg den Johannitern in Mailberg »von seinem Besitz an ungerodetem Waldland bis zu 30 Hufen und einen Meierhof an dem reißenden Strom, der Vistritz heißt«, überträgt. Es ist die Gegend um Neubistritz im heutigen Böhmen. Dort übten die Zöbing-Weikartschlager als Lehensleute der Grafen von Raabs bis zum Jahre 1229 das Vogtrecht aus.

Nicht nur von Süden wurde die Rodung des Nordwaldes und die Errichtung neuer Siedlungen vorangetrieben. Von Norden drangen slawische Siedler in den

Burg Raabs a. d. Thaya

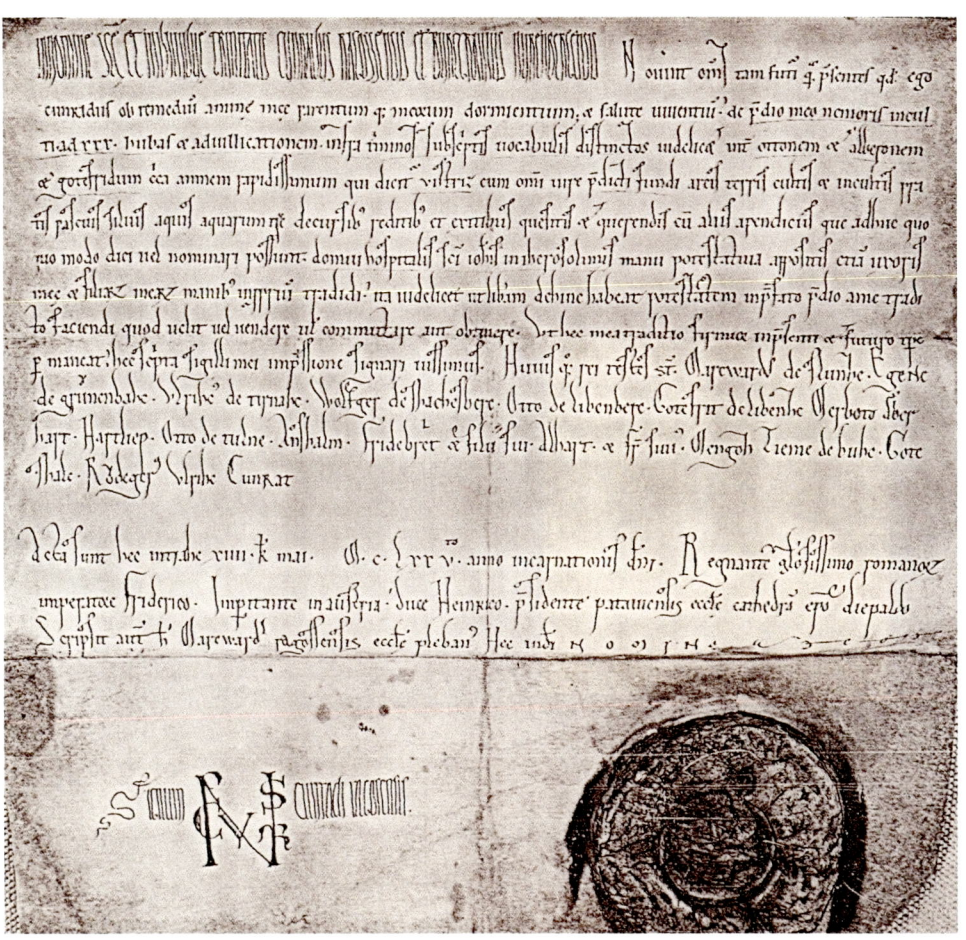

*Ein Dokument
zur Siedlungsgeschichte:
Urkunde von 1175*

Wald vor und machten das Land urbar. Zwangsläufig ergaben sich aus den gegen-
läufigen Siedlerströmen Begegnungen, die nicht immer friedlich endeten. Stets ist
es die andere Seite, die an den Auseinandersetzungen schuld sein soll. So meldete
der böhmische Herzog Sobieslaw I. (1173–1178) beim österreichischen Herzog
Heinrich II. Jasomirgott (1141–1177) Ansprüche auf Waldbesitz an der niederösterreichischen Grenze an. Die im Waldviertel gegen den Nordwald durchge-
führten Rodungen der Siedler wollte Sobieslaw nicht dulden. Im Jahre 1176 fällt
er mit Unterstützung des Znaimer Fürsten in Niederösterreich ein. Im Herbst des
gleichen Jahres erfolgt der Gegenstoß des österreichischen Herzogs. Das Land von
Laa an der Thaya im südmährischen Raum bis nach Znaim wird geplündert. Nach
einem Sturz vom Pferd muß Heinrich Jasomirgott den Feldzug jedoch abbrechen.

In die Auseinandersetzungen greift schließlich Kaiser Friedrich I. Barbarossa
(1152–1190) ein. Er setzt den böhmischen Herzog Sobieslaw ab und ernennt
1178 Friedrich, den Sohn Wladislaw II., zum Herzog von Böhmen. Von beiden
Seiten gebeten, eine Entscheidung zum umstrittenen Grenzverlauf herbeizu-
führen, legt der Kaiser 1179 in Eger die Grenze zwischen Niederösterreich und

*Links: Burg Raabs a. d. Thaya
von Osten*

Siegel Kaiser Friedrich I. Barbarossa
(Vorder- und Rückseite)

den Ländern Böhmen und Mähren fest. Im Gefolge des Kaisers beim Reichstag in Magdeburg, wo die Urkunde ausgefertigt wird, befindet sich unter anderen der Reichsgraf Konrad II. von Raabs, der als Zeuge dieser Festlegung genannt wird.

Der in der Urkunde festgeschriebene Grenzverlauf hat wegen der ungenauen Ortsangaben schon viele Historiker beschäftigt. Schon der als Ausgangspunkt genannte Berg, »mons, qui dicitur altus«, ist so unbestimmt beschrieben, daß recht unterschiedliche Auslegungen möglich sind. Auch der übrige Text läßt manche Deutung zu.

Im wesentlichen unbestritten ist jedoch der Grenzverlauf bezüglich des Raumes um Neubistritz und Zlabings. Beide Orte wurden als auf niederösterreichischem Gebiet liegend bestimmt. Für die Auslegung der Grenzziehung durch Kaiser Barbarossa spielt der Ortsname »Königseck« eine wichtige Rolle. Es wird angenommen, daß an diesem Ort die Grenze markiert wurde, und daß die Grenzlinie daher wesentlich weiter nördlich, über die Orte Neubistritz und Zlabings hinaus, gezogen wurde und erst bei Drosendorf die Thaya erreicht haben dürfte.

Diese Grenzziehung durch den Kaiser hat keinen langen Bestand. Kaum 100 Jahre später nützt der böhmische König Přemysl Ottokar II. das Machtvakuum nach dem Tod des letzten Babenbergers, Friedrich des Streitbaren. Durch die Heirat mit der um 20 Jahre älteren Schwester des Babenbergers bringt er sich in den Besitz weiter Teile Österreichs. Zur Stärkung seines Einflusses im Grenzgebiet zu Niederösterreich überträgt er die Grafschaften Raabs und Litschau an seinen getreuen Gefolgsmann Wok von Rosenberg und die Grafschaft Pernegg-Drosendorf an den Znaimer Burggrafen Bozek. Erst in der Schlacht auf dem Marchfeld am 26. August 1278 entscheidet sich das Schicksal dieses böhmischen Königs, als sein Heer dem Heer des deutschen Königs Rudolf von Habsburg unterliegt. Ottokar fällt in der Schlacht. An diese für die Entwicklung der Donauländer und für Europa so bedeutende Entscheidung – nach Meinung der Historiker handelte es sich um die größte Ritterschlacht der Geschichte – erinnert heute ein Gedenkstein bei Dürnkrut.

Nach Rudolfs Sieg über Přemysl Ottokar II. muß Wok von Rosenberg auf den südlichen Teil der Grafschaft Raabs verzichten. Der nördliche Teil um Neubistritz und Zlabings bleibt bei der böhmischen Krone.

Das Teilstück des Flußlaufes von der Vereinigung der beiden Flußarme bis zu der Stelle, an der die Thaya die letzten Ausläufer des böhmisch-mährischen Höhenzuges bei der Stadt Znaim verläßt, ist landschaftlich besonders reizvoll. Ortschaften, an den Ufern des Flusses gelegen beziehungsweise auf den Höhen zu beiden Seiten, werden von weiten Strecken abgelöst, an denen nur Wälder und Wiesen sich in den Fluten spiegeln. Nur hin und wieder werden die Hänge von

König Rudolf von Habsburg

Das Schlachtfeld von 1278: Gedenkstein bei Dürnkrut

Vorhergehende Seite:
Das Thayatal bei Kollmitz

Rechts:
Ruine Kollmitz, Eingangstor
in der Außenmauer

Bächen aufgebrochen, die ihr Wasser der Thaya zuführen. In diesem Streckenabschnitt säumen eindrucksvolle Schlösser, Burgen und Ruinen das Tal und erhöhen den Reiz dieser Landschaft. Sie versetzen den Besucher in die romantische Idylle einer stehengebliebenen Zeit, die so oft beschworen und doch so selten wirklich gesucht wird.

Die Festungsanlagen entlang des Flusses waren offensichtlich keine Raubritternester, die vorbeiziehende Schiffe oder schwerbeladene Kaufmannsfuhrwerke um Maut und Zölle erleichterten. Damals wie heute befahren weder Schiffe den Fluß, noch säumen Handelsstraßen das Flußufer. Die Festungen, die zum Teil in späterer Zeit zu bewundernswerten Schlössern umgebaut wurden, galten der Sicherung der Grenze, die in der frühen Siedlungsgeschichte durch die Thaya bestimmt wurde.

Der durch die vereinigten Thaya-Arme in Raabs mächtiger gewordene Flußlauf führt in kurzen Abständen an Zeugen dieser frühen Jahrhunderte vorbei. Schon unmittelbar hinter Raabs steht auf einer Anhöhe über dem Fluß die Ruine *Kollmitz*. Sie ist eingebettet in das grüne Band der Hänge entlang der Thaya.

Im grünen Band der Thaya:
Blick zur Ruine Kollmitz

Ruine Kollmitz.
Der zerstörte Palas

Die Festungsanlage stammt aus dem 11. Jahrhundert. Die erste urkundliche Erwähnung ist aus dem Jahre 1362 erhalten geblieben. Die Ausdehnung des Vorhofes zu dieser Burg weist auf die Bedeutung hin, die dieser Verteidigungsanlage einst beigemessen wurde.

Eine starke Mauer umgibt dem Vorhof, soweit nicht ein steiler Felsabhang diese Sicherung unnötig machte. Das Tor zum Vorhof ist gut erhalten. In Notzeiten konnten in diesem weiträumigen Hof die Bauern aus der weiteren Umgebung mit Roß und Wagen und den eiligst zusammengerafften Habseligkeiten Aufnahme finden. Diese Schutzfunktion brachte der Burgbesatzung eine wertvolle Hilfe bei der Verteidigung der Burg.

Und wann gab es keine Notzeiten und keine Notwendigkeit, das Land und das eigene Gut zu verteidigen? Plündernde und raubende Banden und Haufen versprengter oder gezielt durch das Land geführter Heerhaufen sorgten immer wieder für Unruhe in diesem Bauernland. Auseinandersetzungen machtbewußter Herzöge, Markgrafen, Fürsten und Burgherren schon zu Beginn der Siedlungsgeschichte, die Hussitenstürme, die Schrecken des Dreißigjährigen Krieges, die Kämpfe zwischen Preußen und Österreich, der Einfall der Franzosen unter Napoleon – immer wieder durchzogen Soldaten in Scharen das Land und »befreiten« die Bauern von ihren Vorräten. 1451 versuchten Truppen des böhmischen Königs Georg von Podiebrad vergeblich, die Burg zu erstürmen. Der heutige Zustand der Burg ist nicht das Ergebnis einer kriegerischen Auseinandersetzung. Sie ist der Steuerverwaltung des Kaiserreiches anzulasten. Steuern mußten nur nach der Zahl der Räume bezahlt werden, die sich in einem funktionsfähigen Zustand befanden, also mit einem Dach versehen waren. Es ist naheliegend, einer drückenden Steuerlast zu entgehen, indem man diese Dächer entfernte!

Von dem bewaldeten Thaya-Hang flußabwärts der Ruine Kollmitz, in der Nähe des Mausoleums, das nach dem Ersten Weltkrieg für die Burgherrin von Raabs errichtet wurde, hat man einen eindrucksvollen Blick auf den Steilabfall zum Fluß. Das helle Grün des Laubes bildet einen Kontrast zu den dunkel gefärbten Nadelhölzern am jenseitigen Hang.

Flußabwärts gelangt man zu der Ruine *Eibenstein*. Das Geschlecht der Eibensteiner, die als »Iwenstein« urkundlich erwähnt sind, geht auf das Jahr 1194

Ruine Eibenstein an der Thaya

zurück. Die Wehranlage hatte an dieser Stelle als Sicherung der Furt durch die Thaya eine besondere Funktion. Der schon bei der Zerstörung von *Waidhofen a. d. Thaya* im Jahre 1278 erwähnte König Přemysl Ottokar II. benützte mit seinem Heerhaufen diese Furt zur Überquerung des Flusses, um die Stadt *Drosendorf* zu belagern.

Auf dem Weg von Eibenstein kommend, sieht man schon aus einiger Entfernung das Schloß *Drosendorf* auf einer Anhöhe über dem Fluß. Die ersten Siedler gründeten ihre Niederlassung, die heutige Altstadt Drosendorf, direkt am Fluß. Die spätere Stadtgründung erfolgte auf dem Bergrücken, der von drei Seiten von der Thaya umgeben wird. Bereits 1240 wird Drosendorf als Stadt erwähnt. Das noch heute erhalten gebliebene mittelalterliche Stadtbild von Drosendorf ist von einer Stadtmauer umgeben, zwei Stadttore sind erhalten. Die Burg, die zu einem Schloß umgebaut wurde, hat Drosendorf als Grenzfeste gegen Mähren beschützt.

Die Chronik berichtet über eine bewegte Vergangenheit, die viele Wunden hinterlassen hat. 1176 mußte sich Drosendorf gegen Angriffe aus dem Norden verteidigen, 1230 wird der Ort verwüstet. Als Přemysl Ottokar II. die Stadt im Jahre 1278 belagert, konnten die Verteidiger 16 Tage dem Ansturm Widerstand leisten. Sie lieferten damit König Rudolf von Habsburg eine entscheidende Zeitspanne für dessen Aufmarschpläne zur Schlacht auf dem Marchfeld. Auch später war die Stadt wiederholt das Ziel feindlicher Heerscharen. Und immer wieder haben die Bewohner ihre Stadt aufgebaut und den Charakter ihres Ortes erhalten.

In das Schloß, das auf den Grundmauern der einstigen Burg errichtet wurde, führt ein im barocken Stil gestaltetes Tor zu einem schönen Innenhof. Nach einem

Links:
Ruine Eibenstein mit Blick auf die ehemalige Furt

Folgende Seite:
Eingangstor zum Schloß Drosendorf

Am Südhang zur Thaya:
Schloß Drosendorf

Brand im Jahre 1694 wurde das Schloß in der heutigen Form erbaut. Fast um die ganze Länge der einstigen Stadtmauer, die zum Teil noch gut erhalten ist, führen schattige Alleen. Vom Schloß hat man einen freien Blick auf den von Westen kommenden Fluß, der einen weiten Bogen um die Stadt macht.

Von der Altstadt Drosendorfs führt der Weg entlang der Thaya vorbei an *Unterthürnau* zur mährischen Grenze. Das Landschaftsbild auf dem Weg dorthin strahlt Ruhe aus, und die Bäume entlang des Flußlaufes breiten ihre Zweige schützend über den Fluß. Auf dem Schloßberg von Unterthürnau auf der linken Uferseite stehen die letzten Mauerreste einer Burganlage aus dem 12. Jahrhundert.

Die Herren von Thürnau waren als Ministerialen der Grafen von Raabs und Pernegg maßgeblich an den Rodungsarbeiten im Nordwald und an der Besiedlung des Raumes beteiligt. Der Name erscheint in einer Urkunde des Jahres 1157 als »Tirnua«, später als »Tirnahc« und »Tierna«. In der Urkunde vom 18. April 1175, nach der Konrad von Raabs den Mailberger Johannitern Waldland bei Neubistritz schenkt, ist als Zeuge ein Ulrich von Tiernahe genannt. Auch auf mährischer Seite ist dieses Ministerialengeschlecht nachgewiesen.

Kurz hinter Unterthürnau verläßt die Thaya das niederösterreichische Gebiet. Als die Siedler aus Bayern und Franken im 11. und 12. Jahrhundert das Land urbar machten, war die Thaya seit 1040 in ihrer ganzen Länge von dieser Stelle bis zur Mündung in die March Grenze zwischen Mähren und der Ostmark. Diese Grenzziehung geht auf eine Vereinbarung des böhmischen Herzogs Břetislaw mit dem deutschen Kaiser Heinrich III. zurück. Erst mit dem Abfall des österreichischen Markgrafen Leopold II. von Kaiser Heinrich IV., als dieser mit dem Papst im Investiturstreit lag, wurde dem »treuen Vasallen« des Kaisers, dem böhmischen Herzog Břatislav, für seine Hilfe bei der Bestrafung des Markgrafen Leopold ein

Thaya-Knie bei Drosendorf

Reste der Ruine Unterthürnau

großes Gebiet südlich der Thaya im Jahre 1085 übereignet, somit die mährische Grenze von der Thaya nach Süden verlegt.

Das Landschaftsbild im weiteren Verlauf des Flusses hat auf mährischer Seite in den dreißiger Jahren des 20. Jahrhunderts eine gewaltige Veränderung erfahren. Ein wesentlicher Teil der stillen und beschaulichen Wanderwege entlang des Flußufers und sogar ein ganzer Ort – Vöttau unter dem gleichnamigen Schloß – versanken in den Fluten der Thaya. Bei Frain wurde eine Staumauer errichtet, die aus dem ruhig dahinziehenden Fluß einen weit ausladenden Stausee entstehen ließ. Für die Bewohner am weiteren Flußlauf wurde durch die Regulierung des Flusses eine große Gefahr gebannt. Vor der Errichtung der Staumauer war es bei

Die Thaya bei Unterthürnau

der Schneeschmelze und beim Aufbrechen gewaltiger Eismassen auf dem Fluß häufig zu Überschwemmungen weiter Landstriche gekommen. Besonders darunter zu leiden hatten die Gemeinden unterhalb der Stadt Znaim. Aus dem 16. Jahrhundert wird von der Zerstörung der großen Thayabrücke bei Znaim berichtet, und immer wieder zerstörten Überschwemmungen Wehre, Brücken und am Ufer liegende Häuser. 1799 wurde der Ort *Alt-Schallersdorf* unterhalb der Stadt Znaim vom Hochwasser heimgesucht, 66 Häuser wurden weggeschwemmt. Das romantische Gepräge einer über Jahrtausende gewachsenen Landschaft wurde allerdings durch diese Staumauer verdrängt, das Thayatal und seine Nebentäler veränderten zwangsläufig ihr althergebrachtes Bild.

Auf mährischem Gebiet begegnet die Thaya zunächst der Ruine *Freistein*, einer einst mächtigen Wehranlage. Um 1250 ist ein Geitmar von Freistein überliefert. Ursprünglich führte eine Zugbrücke mit zwei rechteckigen Türmen zur Burg. Zum Teil sind noch Reste einzelner Renaissancefenster erhalten. Nachdem die Burg ihre Bedeutung als Wehranlage verloren hatte, haben den Verfall keine Restaurierungsarbeiten aufgehalten.

Bereits kurz hinter Freistein beginnt der Rückstau des Flusses. Das Flußbett wird breiter, je mehr man sich der Staumauer bei Frain nähert. Deutlich zeigt sich dies bei der Ruine Zornstein und dem dicht daneben liegenden Schloß Vöttau. Der erhöhte Wasserspiegel zieht sich auch in das Tal der Schelletau, die bei dem untergegangenen Ort Vöttau ihr Wasser der Thaya zuführt. Die Burg *Zornstein*, eine Verteidigungsanlage, die urkundlich 1342 erwähnt ist, wurde 1405 von dem Sohn des böhmischen Königs Podiebrad zerstört. Nach dem Wiederaufbau ist die Burg seit 1612 verödet. Wie stark einst die Befestigungsanlage war, ist noch heute an dem Mauerwerk und dem doppelten Wallgraben zu erkennen.

Der Blick von den Mauerresten der Ruine Zornstein in das Tal wird gefangen von der großen Thaya-Schleife, die den Fluß durch die Stauung wenige Kilometer flußabwärts mächtiger erscheinen lassen, als dies im ursprünglichen Flußbett der Fall war.

Das Schloß *Vöttau*, einst Burg eines Gaugrafen, wurde bereits im Jahre 1052 urkundlich genannt. Von der ursprünglichen Anlage ist noch die romanische Burgkapelle erhalten. Nach mehreren Baustufen in den Jahren 1184, 1227 und 1334 entstand im 15. Jahrhundert das Schloß, das auf zum Teil verfallenen Resten der Burg errichtet wurde. Im Schloß befinden sich die Reste einer romanischen Kapelle, eines mächtigen Rundturmes mit Verlies sowie eine im Jahre 1334 erbaute Kapelle. Die Hochburg wurde um einen unregelmäßigen fünfeckigen Hof errichtet.

Im weiteren Verlauf des Tales wird die ganze Ausdehnung der Wasserfläche erkennbar, die durch die Staumauer bei Frain entstanden ist. Jenseits der Talsper-

Ruine Zornstein mit Wehrturm

Ruine Zornstein, Blick ins Tal

Links:
Ruine Freistein

Nächste Seite:
Thaya-Knie bei der Ruine Zornstein

re wird der Fluß bei seinem weiteren Weg auf sein ur-
sprüngliches Ausmaß zurückgeführt. Über dem Ort *Frain* –
76 Meter über dem Thaya-Spiegel – erhebt sich die einstige
Burg Frain, die in der Frühzeit der Siedlungsgeschichte eine
bedeutende Rolle gespielt hat. Von der Burganlage aus dem
12. Jahrhundert sind nach dem Umbau zu der gewaltigen
Schloßanlage nur noch die turmbewehrte südliche Umfas-
sungsmauer der Vorburg, der Raben- und der Wasserturm
und ein weiterer Turm erhalten geblieben.

Wo einst die Burgkapelle stand, wurde von Johann
Bernhard Fischer von Erlach in den Jahren 1690–1694 der
Ahnensaal des heutigen Schlosses errichtet; ausgeschmückt
hat ihn Johann Michael Rottmayr mit einem Deckenfresko.
Am Rande des Steilabhangs über der Thaya thront dieses
Barockkunstwerk. Die Schloßkapelle wurde auf einem Fels-
kegel ebenfalls nach Plänen des Barockbaumeisters Fischer
von Erlach neben der alten Burg errichtet. Wenn man, von
Osten kommend, die Serpentinen des gegenüberliegenden
Bergrückens talabwärts fährt und zwischen den Bäumen das
Schloß erblickt, dann ist die Symbiose von Landschaft und
Kunstwerk überwältigend. Der »Perle des Thayatales« am
Oberlauf – dem Schloß von Frain – folgen im weiteren Ver-
lauf des Flusses eindrucksvolle Zeugen der Vergangenheit.

Hinter Frain nähert sich die Thaya wieder der Grenze
und trennt dann über eine längere Strecke Mähren von Niederösterreich. Auf der österreichischen Seite des Flusses steht
die zum Teil renovierte Burg *Hardegg*, die über der kleinsten
Stadt Österreichs ihre Schutz- und Verteidigungsfunktion
durch Jahrhunderte zu erfüllen hatte.

Die bereits 1145 urkundlich erwähnte Wehranlage und
die Grafschaft Hardegg waren in der frühen Geschichte des
Landes von großer Bedeutung. Dies geht auch aus einer Urkunde des Jahres 1226 hervor: Der Priester von Hardegg war
zusammen mit den Äbten der Stifte Geras und Altenburg
Verhandlungsführer in einem Streit zwischen dem Prämonstratenser-Chorherrenstift Klosterbruck und dem Priester
Adam von Znaim. Bei diesem Streit ging es um die Abgrenzung des Znaimer Pfarrbezirkes gegenüber dem Stift. Der
aufgrund dieser Verhandlung getroffenen Vereinbarung wur-

Schloß Frain.
Eingang und Schloßkirche

Rechts: Schloß Frain.
Blick von der Thaya

Vorherige Seite:
Schloß Vöttau

Folgende Seite:
Burg Hardegg

de eine solche Bedeutung beigemessen, daß Papst Gregor IX. sie im Jahre 1231 be-stätigte. Bis zur Grafschaft Hardegg reichte im Westen die »Böhmische Mark« des 11. Jahrhunderts.

Die Geschichte der Burg Hardegg ist mit den bayerischen Grafen Plain ver-bunden. Luitpold von Plain wird in einer Urkunde Herzog Leopolds V. aus dem Jahre 1187 »Comes de Hardeck« genannt. Um das Jahr 1250 stehen die Grafen Plain in den Diensten des böhmischen Königs Přemysl Ottokar II. Sie erhielten für ihre Dienste von Ottokar die Bestätigung ihrer Besitzungen in Hardegg und sollten mit der Reichsgrafschaft Raabs belohnt werden. Im Kampf gegen die Ungarn fielen die beiden Brüder Plain, und Ottokar konnte die Reichsgrafschaft Raabs an einen böhmischen Gefolgsmann übergeben. Erst nach dem Sieg über

Ottokar konnte der deutsche König Rudolf von Habsburg über die Reichsgrafschaft verfügen und übertrug sie einem seiner Getreuen, dem Grafen Berchthold. Als im Jahre 1443 die Hussiten den Ort Hardegg anzündeten, wurde auch die Burg schwer in Mitleidenschaft gezogen. Weitgehend zerstört wurde sie erst 1753 durch ein Erdbeben. Der Wiederaufbau der Anlage begann Ende des 19. Jahrhunderts und veränderte das ursprüngliche Aussehen entsprechend dem damaligen Zeitgeschmack. Heute deuten nur noch Teile der Anlage auf die Entstehungszeit dieser Grenzbefestigung hin.

Für den im Jahre 2000 neu geschaffenen »Nationalpark Thayatal« bildet Hardegg auf der österreichischen Seite den Mittelpunkt. Auf der mährischen Seite reicht dieser Nationalpark von Frain über die Ruine Neuhäusel, dem Flußlauf folgend, bis Znaim. Die Ausdehnung des Nationalparks über beide Seiten des Flusses und über die Staatsgrenze hinweg bietet erstmals seit Ende des Zweiten Weltkrieges die Möglichkeit, die Schönheit dieser Landschaft zu erleben.

Von Hardegg flußabwärts führen die vielen Windungen des Flusses zu einem einzigartigen Naturschauspiel. Die Thaya vollführt einen fast vollständigen Kreis um den Umlaufberg, nur ein schmaler Bergrücken trennt den Fluß von dem jenseits von ihm geschaffenen Tal. In diesem Abschnitt hat sich die Thaya ihren besonders ursprünglichen und romantischen Charakter erhalten.

Nur etwa sechs Kilometer Luftlinie flußabwärts – würde man dagegen den Thayawindungen und der Schleife um den Umlaufberg folgen, müßte man mehr als die doppelte Wegstrecke zurücklegen – erhebt sich über der Thaya die Ruine *Neuhäusel*. Wegen des dichten Waldbestands auf dem Hang, der zur Ruine führt und um die Ruine, ist die ehemalige Festungsanlage aus dem Tal nur sehr schwer zu erkennen. Die Umrisse der mächtigen Anlage sind vom anderen Thaya-Ufer im zeitigen Frühjahr gut zu erkennen, wenn das Laub der Bäume die Sicht nicht behindert.

Die Festungsanlage besteht aus der vorderen (oberen) und der hinteren (unteren) Burg. Durch die Thaya-Schleife um den Umlaufberg ist sie auf zwei Seiten von der Thaya geschützt. Ob diese Wehranlage im Zuge der bayerisch-fränkischen Besiedlung des Landes im 11. Jahrhundert zum Schutze der Siedler errichtet wurde, oder ob an dieser Stelle schon eine erste Befestigung des »Großmährischen Reiches«, jenes mährischen Fürstentums zwischen 830 und 906, bestand, ist bis heute nicht geklärt.

Burg Hardegg. Blick von der Nordseite über die Thaya

*Ruine Neuhäusel,
vordere Burganlage*

*Vorherige Seite:
Das Thayatal bei Hardegg*

*Ruine Neuhäusel
vom jenseitigen Hang*

78

Blick aus dem Thayatal auf Neuhäusel

Die untere Burg – als der ältere Teil – wurde nach 1358 von dem mährischen Markgrafen Johann Heinrich zu einem Jagdschloß erweitert. Nach der Eroberung durch die Schweden im Dreißigjährigen Krieg verfiel die Burg.

Auf der gegenüberliegenden Thaya-Seite – vom Fluß etwas zurückgesetzt – stoßen wir auf ein weiteres Zeugnis früher Zeit, die Ruine *Kaja*. Im 11. Jahrhundert als »Chiowe« in den Urkunden genannt, ist die Feste Kaja 1168 als landesfürstliches Lehen im Besitz der Herren von Kaja, einer Nebenlinie des Ministerialengeschlechtes der Kuenringer. Im Jahre 1169 treten die Herren von Kaja als Zeugen für Schenkungen an das Stift Klosterneuburg auf. Ende des 14. Jahrhunderts wurde die Burg von mährischen Söldnern verwüstet, für kurze Zeit war sie Sitz eines Raubritters.

Nach dessen Vertreibung wurde die Burg schließlich im 15. Jahrhundert von den Hussiten erstürmt und geplündert. Seit dem 16. Jahrhundert verfiel die Burg, Sicherungsmaßnahmen durch freiwillige Helfer können den Verfall nur aufhalten. Der in jüngster Zeit geschaffene »Nationalpark Thayatal« umfaßt auch die Ruine Kaja.

Von der Ruine Kaja zieht sich am rechten Ufer ein ausgedehntes Waldgebiet hin. Inmitten dieses Waldes ließ Fürst Karl von Auersperg gegen Ende des 18. Jahrhunderts das Schloß *Karlslust* errichten, das ihm als Sitz für seine Jagdausflüge diente. Wie durch ein Wunder hat das Schloß in der vom Wald beschützten Lage die Zeit unversehrt überstanden.

Nach zwei großen Schleifen der Thaya verläßt die mährisch-niederösterreichische Grenze die Flußmitte und weicht nach Süden aus. Folgen wir der Thaya auf ihrem Weg, so befinden wir uns auf mährischem Gebiet. Bei *Neunmühlen* an der Thaya sucht man heute vergeblich nach den neun Mühlen – wegen der Nähe zur Grenze wurden die noch vorhandenen Mühlen zum Schutz des »Eisernen Vorhangs« abgetragen. Nur die gestaute Thaya am Wehr weist noch auf das frühere Vorhandensein der Mühlen hin. Wege begleiten zu beiden Seiten den Fluß. Auf der linken Seite führt der Weg auf den Schobesberg, eine Anhöhe, von der man einen eindrucksvollen Blick auf das direkt unterhalb der steilen Anhöhe liegende Thaya-Knie und den Lauf des Flusses durch das Neunmühlental hat. Der Hang auf dieser Seite des Flusses ist mit Weinstöcken bepflanzt – die erste Begegnung der Thaya mit einem Weinberg infolge der geschützten Südlage.

Im weiteren Verlauf des Tales erhebt sich auf der rechten Hangseite der *Sealsfieldstein.* Schon gegen Ende des 19. Jahrhunderts wurde hier ein Gedenkstein für den bedeutenden Landsmann errichtet, der als Carl Postl, erster Sohn des Dorfrichters Anton Postl, in Poppitz bei Znaim geboren wurde. Nur wenige Kilometer von diesem Gedenkstein entfernt, liegt das Elternhaus von Carl Postl, der

Romantische Idylle an der Thaya

Ruine Kaja: Zugang zur Burg über die ehemalige Zugbrücke

als Charles Sealsfield in die Weltliteratur Eingang gefunden hat. Nichts stört am Sealsfieldstein das Landschaftsbild, keine Straße und keine Eisenbahnlinie führt durch das Tal, und nur an dem Verlauf der bewaldeten Hänge zu beiden Seiten lassen sich die Windungen des Flusses nachvollziehen.

Geboren wurde Carl Postl am 3. März 1793. Im nahe gelegenen Znaim durfte er das Gymnasium besuchen, und da er die Schule erfolgreich abschließen konnte, beschlossen die Mutter und der zuständige Pfarrer gemeinsam, Carl die Studien in Prag bei den »Kreuzherren mit dem roten Stern« fortsetzen zu lassen.

Das Studium in Prag wurde von dem jungen Mann aus dem kleinen Ort in Südmähren sehr intensiv betrieben. Besonders beeindruckten ihn die Vorlesungen des Philosophen und Religionswissenschaftlers Bernhard Bolzano und seine sonntäglichen Erbauungsreden. Bolzano fiel wegen seiner aufklärerischen und für das metternichsche System nicht tragbaren Reden bei Obrigkeit und Kirche in Ungnade.

Der Einfluß Bolzanos und recht intensive Kontakte zu der Prager Adelsgesellschaft waren für Postl nach dem Abschluß seines Studiums und nach der Be-

Nächste Seite:
Schloß Karlslust

83

stellung zum Sekretariatsadjunkten 1815 und zum Ordenssekretär schließlich ausschlaggebend für den weiteren Lebensweg.

Es war wohl ein schwerer Entschluß, zu dem sich der junge Geistliche Postl schließlich durchringen konnte. Ohne Abschied verließ er 1823 mit unbekanntem Ziel den Orden während eines Kuraufenthaltes. Alle Nachforschungen blieben ergebnislos. Auch der auf seine Person erstellte Steckbrief brachte keine Spuren des Flüchtigen. Und daß es eine Flucht war, ergab sich nach wenigen Tagen, als keinerlei Nachrichten mehr von dem Ordenssekretär im Kloster eintrafen.

Jahre nach der Flucht des Ordensbruders Postl erscheinen in Stuttgart bei Cotta 1827 unter dem Namen Charles Sidon »Die Vereinigten Staaten von Nordamerika nach ihren politischen, religiösen und gesellschaftlichen Verhältnissen betrachtet«. Der Autor versucht, dem an dem neuen Kontinent interessierten Leser,

Erhebung auf der rechten Thayaseite:
Der Sealsfieldstein

vor allem aber den vielen ausreisewilligen Deutschen jener Zeit, das Land ihrer Hoffnung näherzubringen. Ein Jahr später erscheint bereits in London eine englische Übersetzung. Es folgen in kurzen Abständen – später unter dem Namen Charles Sealsfield – eine Reihe von Veröffentlichungen in deutscher und in englischer Sprache. Ein Titel, der besonderes Aufsehen und das sofortige Vertriebsverbot in den Ländern Österreich und Deutschland nach sich zog, war die im Jahre 1828 erschienene Auseinandersetzung mit dem metternichschen System unter dem Titel »Austria as it is«. Erst 1919 folgte die deutsche Übersetzung: »Österreich wie es ist«. Das Buch enthält neben der Abrechnung mit dem politischen Zustand des österreichischen Kaiserreiches auch die Schilderung einer Reise durch Böhmen und Mähren nach Wien. Es enthält Landschaftsbeschreibungen, die für einen Bürger der Vereinigten Staaten erstaunlich viele Detailkenntnisse von Land und Menschen verraten. Hören wir Sealsfield selbst:

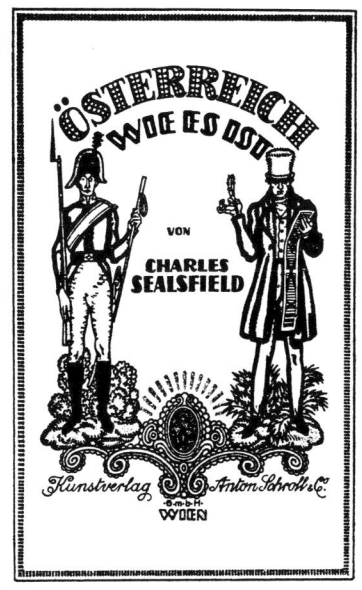

Titelbild der deutschen Ausgabe: »Österreich wie es ist«

»Die Gegend westlich von Znaim ist eigentlich eine ununterbrochene Folge von Weingärten, die sich dem leicht gewellten Gelände anschmiegen. In die tiefer gelegenen Stellen sind Obstgärten oder Weizenfelder eingebettet. Ruhe und Heiterkeit liegen über der ganzen Gegend und klingen wider aus dem Lachen der Burschen und Mädchen, welche in den Weingärten arbeiten. Wie vielen wir auch begegneten, alle boten uns Trauben an. Die Dörfer verkünden ihre Nähe durch die Weinkeller, welche in das Erdreich eingegraben und meist gewölbt sind. Der Eingang in die Keller führt durch ein kleines gemäuertes Häuschen, welches die Weinpresse enthält und ein oder zwei Räume, die dem Vergnügen des Weinbauern und der Weinkäufer dienen. Vor dem Keller harren Wagen der Befrachtung mit der wohlschmeckenden Last für Wien, Böhmen oder Mähren; der Weinhandel spielt sich nicht trocken ab, und bei jeder Rast wurden wir zu Kostproben eingeladen. Jedes Dorf verfügt über 40 oder 50 Keller, vor welchen im Schatten von Nußbäumen zwei Bänke und ein Tisch stehen. Die Dörfer zeigen einen Wohlstand, den man sonst auf dem Festland nicht antrifft; sie ziehen sich meist an Bächen entlang, deren Ufer mit Weiden, Roßkastanien und Nußbäumen bestanden sind. Strohdächer trifft man hier ebenso selten wie Wirtshäuser, denn die Einwohner sind sämtlich Weinbauern und leeren ihr Gläschen oder meist ihr Fläschchen lieber daheim. Die Häuser sind ein oder zwei Stock hoch, mit Ziegeln gedeckt und mit grünen Fensterläden versehen. Durch Vorgärten hinter grünen und gelben Lattenzäunen gelangt man zum Haustor, und durch ein darin eingeschnittenes Pförtchen betritt man das Haus. Der erste Raum ist das Prunkzimmer mit einem schönen Ofen, zwei Schränken und Kommoden, sechs Stühlen und einem Sofa. Mitten im Zimmer steht ein großer, mit einem Tiroler Teppich bedeckter Tisch, der zwei Flaschen und eine Anzahl von Gläsern trägt. Die übrigen Räume sind weniger reich, aber rein und ausreichend eingerichtet. Um den grünen Kachelofen und längs der weißgetünchten Wand ziehen sich Bänke hin. Darüber hängen große Weingläser, aus welchen die Hausleute ihren täglichen Trunk tun. Einige Heiligenbilder oder Porträts von Maria Theresia, Josef II. oder Franz I. zieren die Wand.«

Die zitierte Landschaftsschilderung bietet ein Beispiel, wie es auch die Erzählungen Sealsfields über die Vereinigten Staaten auszeichnet.

Als Charles Sealsfield 1864 im Schweizer Solothurn starb, hinterließ er ein umfangreiches und bedeutendes literarisches Werk, das in der Reprintausgabe des Olms Verlages (1972 folgend) 24 Bände umfaßt. Sein Testament sorgte für erhebliche Aufregung und lüftete den Schleier über den »Großen Unbekannten«, wie Castle 1952 seine Biographie Sealsfields betitelte.

Durch das Testament schließt sich der Kreis um den geflüchteten Ordenssekretär, der bis zu seinem Tod sein Inkognito streng bewahrt hatte.

Die Bedeutung Carl Postls in der Weltliteratur wird sehr unterschiedlich bewertet. Auch heute gibt es noch einen beachtlichen Leserkreis für seine Schilderungen im »Kajütenbuch«, das von den Kritikern als sein bestes Buch beurteilt wird. Die ungeheure Spannung, die in seiner Schilderung des Rittes durch die »Prärie am Jacinto« liegt, stellt seine Stärke in bezug auf Naturbeschreibungen unter Beweis. Die Schilderung der wachsenden Hoffnungslosigkeit und Verzweiflung eines Reiters, der sich in der Unendlichkeit der Prärie verirrt und endlose vier Tage seiner eigenen Spur folgt, hebt die Erzählung über den Rahmen einer großartigen Naturschilderung. Von seinem Mustang abgeworfen, unternimmt der Mann wütend den Versuch, mit einem zweiten Pferd dem flüchtigen Tier in die endlose Prärie zu folgen, wo er sich immer weiter in die Gleichförmigkeit der Weite verliert: »Ich ritt hastiger, aber als ich endlich dem, was Haus sein sollte, näher kam, wurde es wieder zur Insel. Was ich für Lichter gehalten, waren Feuerkäfer, die mir in Klumpen aus der düsteren Nacht der Insel entgegenglänzten, nun in dem auch über der Prärie hereinbrechenden Dunkel auf allen Seiten ihre blauen Flämmchen leuchten ließen, daß ich wie auf einem bengalischen Feuersee mich herumtreibend wähnte. Etwas die Sinne mehr verwirrendes läßt sich schwerlich denken, als ein solcher Ritt in einer warmen Märznacht durch die endlos einsame Prärie. Über mir das tiefblaue Firmament mit seinem hell funkelnden Sternenheere, zu Füßen ein Ozean magischen Lichtes, Millionen von Leuchtkäfern entstrahlend! Es war mir eine neue, verzauberte Welt. Jedes Gras, jede Blume, jeden Baum konnte ich unterscheiden, aber auch jedes Gras, jede Blume erschien in einem magisch-übersinnlichen Lichte. Prärierosen und Tuberosen, Dahlien und Astern, Geranien und Weinranken begannen sich zu regen, zu bewegen, zum Reigen zu ordnen. Die ganze Blumen- und Pflanzenwelt begann um mich herum zu tanzen. Auf einmal schallte ein lauter und langgezogener Ton aus dem Feuermeere zu mir herüber. Ich

»Österreichisch-amerikanischer Schriftsteller«
Briefmarken der Österreichischen Republik 1993

Carl Postl (Charles Sealsfield)

hielt an, horchte, schaute verwirrt um mich. Nichts war mehr zu hören. Wieder ritt ich weiter. Abermals der langgezogene Ton, diesmal aber melancholisch klagend. Wieder hielt ich an, wieder ritt ich weiter. Jetzt ließen sich die Klagelaute ein drittes Mal hören. Sie kamen aus einer Insel, von einer Whippoorwill, sie sang ihr Nachtlied.«

Der nach Sealsfield benannte Bergrücken an der Thaya war der Lieblingsplatz des jungen Carl Postl, an dem er sich oft aufhielt.

Das letzte von Hängen begleitete Talstück führt an der ehemaligen Trausnitzmühle vorbei bis an den Fuß des Burgberges der Stadt *Znaim.* Eine kleine Staumauer, die nach dem letzten Krieg errichtet wurde, hat auch hier das frühere Landschaftsbild verändert. Geblieben ist als Krönung des Burgberges das Znaimer Schloß, die frühere Burg, mit dem dort untergebrachten Heimatmuseum, und der herrliche Blick vom Schloßhof in das Thayatal.

Die Burg wurde 1048 erstmals urkundlich erwähnt. Sie war der Sitz der Fürsten von Znaim, beginnend mit Konrad, dem jüngsten Sohn des böhmischen

*Sealsfield-Gedenkstein, errichtet
1875 von Znaimer Bürgern*

*Der Sealsfieldstein nach einer
Zeichnung von 1875*

Herzogs Břetislaw und seiner Gemahlin der Judith von Schweinfurt. Von der Burg ist durch den Umbau zum Schloß nach Plänen von Fischer von Erlach in der ersten Hälfte des 18. Jahrhunderts nichts Wesentliches erhalten geblieben. Von der gegenüberliegenden Seite des Thayatales erkennt man neben dem Schloß noch Teile der mittelalterlichen Stadtmauer, die einst die Stadt vor feindlichen Angriffen geschützt hatte.

Merian berichtet in seiner »Topographie der Länder Böhmen, Mähren und Schlesien«, die im Jahre 1650 erschienen ist, ausführlich über die Stadt Znaim. »Diese ist eine der vornehmsten landesfürstlichen Städte.« Merian fährt fort: »An der großen Thaya oder Dyja gelegen, welcher Fluß Mähren und Österreich scheidet.« Ein etwa um diese Zeit entstandener Kupferstich von Houfnagl zeigt die von Mauern und Türmen umgebene stolze Stadt auf dem letzten Ausläufer des böhmisch-mährischen Höhenzuges. Die seit dem 11. Jahrhundert entlang der Thaya bestehende Grenzziehung zwischen Mähren und Niederösterreich entsprach zur Zeit der Entstehung der Topographie nur noch teilweise der Merianschen Schilderung. An mehreren Stellen war die Grenze aufgrund machtpolitischer Entscheidungen schrittweise zu Lasten Niederösterreichs nach Süden verlegt worden.

Merian schildert Znaim als »eine wohlhabende Stadt« und begründet dies in seinem Bericht: »Es sind all hier zwei Plätze oder Märkte und an diesen schöne Häuser. In dem Schloß befindet sich eine Kapelle, die von der Heidenschaft übriggeblieben.« Eines der interessantesten Bauwerke ganz Mährens, eine romanische Rotunde bei der ehemaligen Burg und dem späteren Schloß, behielt im Volksmund bis in die jüngste Zeit die Bezeichnung »Heidentempel«.

Über die Zeit der Entstehung dieses romanischen Rundbaus gibt es auch heute noch keine Einigung unter den Historikern. Es wird vermutet, daß dieser Bau in der ersten Hälfte des 11. Jahrhunderts entstanden ist. Ausgeschmückt ist dieser Rundbau mit Fresken aus der Zeit um 1134. In der Apsis sind Christus in der Mandorla mit zwei Engeln, die Symbole der vier Evangelisten, Maria und der hl. Johannes dargestellt. Bilderzyklen im Kapellenraum zeigen biblische Szenen, die Sage der Přemysliden und 19 přemyslidische Herrscher. Wie wenig man in der Vergangenheit mit der Zuordnung dieses bedeutenden Rundbaus anfangen konnte, zeigt ein Plan der Stadt Znaim aus dem Jahre 1815, in dem die Rotunde als »gotischer Tempel« ausgewiesen wird. Auch die Verwendung als Schweinestall und Schenke spricht nicht für einen pfleglichen Umgang mit historischen Werten in den vergangenen Jahrhunderten. Selbst die Ausmalung des Innenraumes gab dem Gebäude in der Vergangenheit keinen besonderen Schutz.

Nach den Kirchen der Stadt – schon bei der Stadterhebung im Jahre 1226 werden zwei Kirchen genannt – weist Merian »insonderheit auf das Rathaus«, das, 1448 von Niklas von Edelspitz fertiggestellt, mit einem weithin sichtbaren gotischen Turm versehen, zum Wahrzeichen der Stadt wurde.

Znaim erhielt schon früh ein eigenes Stadtrecht. Im Stadtrechtsbuch aus der ersten Hälfte des 14. Jahrhunderts ist ein Privileg des böhmischen Königs Wenzel aus dem Jahr 1292 enthalten. Zuzuordnen ist das Znaimer Stadtrecht der fränkisch-süddeutschen Stadtrechtsfamilie.

Eine besondere Bedeutung fiel der Stadt im Dreißigjährigen Krieg zu, als das Kriegsglück den kaiserlichen Truppen untreu geworden war. Es lag wohl an der günstigen Lage der Stadt, daß im Dezember 1631 der vom Kaiser Ferdinand im Jahr zuvor abgesetzte Feldherr der kaiserlichen Truppen, Herzog Albrecht von Wallenstein, in Znaim Quartier am Oberen Platz im alten Salzamtsgebäude bezog. Für den Aufenthalt dieses Gastes mußten die Stadtväter tief in den Stadtsäckel greifen. Der Obere Platz, nach der Schilderung von Merian mit schönen Häusern umgeben, bot eine gute Standortwahl für Wallenstein, der von hier aus Verhandlungen mit dem Kaiser führen wollte. Das bezogene Gebäude bildete ein repräsentatives Ambiente für die anstehenden Zusammenkünfte. Rund um den Platz

Merian: »Topographie der Länder Böhmen …«

Aus dem Bilderzyklus im Kapellenraum

Johann Tserclaes Graf von Tilly

waren die Mauern der vorwiegend einstöckigen Häuser an der Vorderseite über den 2. Stock hochgezogen, sie gaben dem Platz, auch wenn die Fenster im 2. Stock blind waren, Geschlossenheit und zeugten vom Wohlstand der Bürger.

Trotz der schwierigen Zeitläufte und der kriegerischen Auseinandersetzungen im Land machte die Stadt einen für damalige Verhältnisse gediegenen Eindruck. Um den Stadtkern bot noch die durchgehende Stadtmauer ihren Bürgern Schutz, und die vier Tore – das obere, das untere, das neue und das Tränktor – sicherten die Zugänge. Die Verbindung vom Oberen zum Unteren Platz, die Füttergasse, war gepflastert. Hier befand sich das Zentrum der Kaufleute, während die Handwerker in den Nebenstraßen, wie der Schmied- oder Schlossergasse, ihre Werkstätten hatten.

Die Bedeutung der Stadt sieht Merian in der geographischen Lage, in der Mittellage auf der Verbindung der beiden Städte Prag und Wien: »Es gibt viel Durchreisens allhier, weil der Ort an der Wiener Landstraße von Wien nach Prag gelegen ist.« Sein Bericht entstand nur kurze Zeit nach den Verwüstungen des Dreißigjährigen Krieges, an deren Auswirkungen vor allem in den ersten Jahren auch diese Stadt zu leiden hatte. Erbitterte Kämpfe der mährischen Stände gegen die kompromißlose Politik des Kaisers in Glaubensfragen brachten Tod und Verwüstungen, Vertreibungen Andersgläubiger, Brandschatzungen und die Einschleppung der Pest durch die Soldaten auf beiden Seiten, durch Türken und Ungarn.

Der Kaiser in Wien hatte in diesem Jahr 1631 erkennen müssen, daß das kaiserliche Heer nach dem Tod seines Feldherrn Tilly nur noch unter der Führung

Burghof Znaim

Blick auf Burg Znaim

von Wallenstein in der Lage sein konnte, das Kriegsglück wieder zu wenden und den Schwedenkönig Gustav Adolf auf seinem Weg nach Wien aufzuhalten. So ist der Hilferuf des Kaisers im April 1632 an Wallenstein zu verstehen: »Ersuchen Wir gnädigst, in der gegenwärtigen Not uns nit zu lassen.«

Wallenstein lehnte zunächst das Angebot des Kaisers zur Übernahme des Oberbefehls über die kaiserlichen Truppen ab. Doch nach langen Verhandlungen mit dem Beauftragten des Kaisers, Obersthofmeister Fürst Eggenburg, wurde eine für den Kaiser demütigende Vereinbarung 1632 getroffen, die Wallenstein unbeschränkte Vollmachten einräumte. Wallenstein verpflichtete sich im Gegenzug, ein Heer von 40 000 Mann aufzustellen, das später auf 100 000 Mann ausgebaut werden sollte.

In Schillers »Wallenstein« weist Feldmarschall Illo den Gesandten des Kaisers, Questenburg, auf diese Verhandlungen in Znaim hin:

> »Und wissen Sie, wo das gewesen ist?
> Zu Znaim wars, in Mähren, wo Sie sich
> von Kaisers wegen eingestellt, den Herzog
> um Übernahme des Regimentes zu flehen.«

93

Graf Albrecht Wenzel Eusebius von Wallenstein

Blick vom Kuhberg auf Znaim. Ölgemälde von Alexander Pock

Das von Wallenstein dem Kaiser in der Vereinbarung von Znaim zugesagte Heer von 40 000 Mann wurde in unmittelbarer Nähe der Stadt aufgestellt. Steigt man auf die Aussichtsplattform des Rathausturmes, von der aus der Türmer in früherer Zeit bei Tag und Nacht Ausschau nach möglichen Feuerstellen in der Stadt zu halten hatte, dann sieht man, über die Dächer hinweg, auf der anderen Seite des Thayatales den Kuhberg liegen, zu dem man durch das Tränktor, über die Tränktorgasse und die Thayabrücke gelangen konnte. Der Weg über den Kuhberg führte zu den Dörfern auf der gegenüberliegenden Anhöhe. Hier auf dem Kuhberg, dessen weite Ausläufer Platz genug boten, sammelte Wallenstein sein Heer. Alexander Pock, ein Sohn der Stadt Znaim, hat den Blick von dem weiträumigen Kuhberg entlang des Weges zur Stadt Znaim festgehalten.

In Znaim erließ der Feldmarschall zwei Patente: In dem einen wurde allen Offizieren und Soldaten Generalpardon gewährt, die gezwungen oder freiwillig dem Feinde dienten, wenn sie binnen sechs Wochen zurückkehrten. Im zweiten Patent suchte Wallenstein dem Plünderungsunwesen der Soldaten entgegenzuwirken.

In Eilmärschen legte Wallenstein mit seiner neu aufgestellten Armee den Weg vom Kuhberg nach Mittelfranken zurück. Mit seinem Erscheinen veränderte sich die strategische Lage in Süddeutschland.

Die in Znaim zustande gekommene Vereinbarung war für den Kaiser eine schwere Demütigung. Der Mord an Wallenstein am 25. Februar 1634 in Eger kann wohl auch als die Vollstreckung des Todesurteils angesehen werden, das über den kaiserlichen Feldmarschall bereits bei der Vertragsunterzeichnung in Znaim gesprochen war.

Am Fuß der Stadt Znaim, an der Stelle, an der einst das Schloß an der Thaya stand, in das sich die böhmische Herzogin Judith von Schweinfurt nach dem Tod des Herzogs Břetislaw zurückgezogen hatte, steht heute das 1190 gegründete Prämonstratenser Chorherrenstift *Klosterbruck.* Die romanische Krypta unter der Kirche des Chorherrenstiftes stellt die Verbindung zu Judith von Schweinfurt her.

Eine bedeutende Handschrift aus der Zeit um 1215 verbindet die Geschichte von Klosterbruck mit der hl. Agnes, der Tochter des böhmischen Königs Přemysl Ottokar I. 1928 wurde diese Handschrift von Halberstadt an die Morgan Bibliothek nach New York verkauft. Eingehende Nachforschungen waren erforderlich, um die Entstehungszeit und den Entstehungsort zu ermitteln. Hilfreich erwies sich dabei die Erwähnung von Personen im Orbitorium (dem Totengedenkbuch), die Rückschlüsse auf die Stadt Znaim und das Chorherrenstift Klosterbruck zuließen. Zu Hilfe kam auch der Umstand, daß im Museum der Stadt Znaim der Einband zu einer alten Schrift als Kopie einer Seite dieser Handschrift identifiziert werden konnte.

Weitere Nachforschungen mußten sich mit den Fragen auseinandersetzen, wer den Auftrag zur Erstellung dieser Handschrift gegeben hat und ob tatsächlich eine Verbindung zu Agnes nachzuweisen ist.

Die Lebensumstände der Königstochter helfen bei der Beantwortung dieser Fragen.

Das Znaimer Stadtrechtsbuch aus dem Jahr 1523

Der Entstehungsort der Handschrift ist auf dem ältesten Bild der Stadt Znaim aus dem Stadtrechtsbuch des Jahres 1523 zu erkennen. Auf dem letzten Ausläufer des böhmisch-mährischen Höhenrückens liegt die mit Türmen und Mauern bewehrte Stadt. Unten im Tal, auf beiden Seiten von bewaldeten Hängen eingerahmt, fließt die Thaya. Im Vordergrund, unmittelbar am Fluß, erstreckt sich die breit ausladende Anlage des Prämonstratenser Chorherrenstiftes Klosterbruck. Wolfgang Fröhlich von Olmütz, der Schöpfer dieses Bildes, wählte diesen Blick auf Znaim, um nicht nur das mittelalterliche Stadtbild, sondern auch das Stift Klosterbruck selbst in seiner Bedeutung festzuhalten.

1190 wurde das Stift von dem böhmischen Herzog Konrad (III.) Otto im Beisein mehrerer Mitglieder des Herrscherhauses gegründet und mit großzügigen

*Blick auf Kloster-
bruck und Znaim,
Znaimer
Stadtrechtsbuch*

Kupferstich von Houfnagl (um 1600)

Schenkungen ausgestattet. Erst kurze Zeit vorher waren die Prämonstratenser Chorherren vom böhmischen Herzog aus dem Rheinland in das Herzogtum gerufen worden.

Agnes ist die sechste Tochter des böhmischen Königs Přemysl Ottokar I., der mit seiner ersten Gemahlin Adelaid von Meissen eine Tochter und mit seiner zweiten Frau Constanze von Ungarn acht Kinder hatte. Agnes, im Jahre 1208 geboren, wurde wie damals bei Herrscherhäusern üblich, bereits als Dreijährige Boleslaw, dem Sohn des schlesischen Herzogs Heinrich I. und dessen Frau Hedwig von Meran, versprochen. Hedwig, die später heiliggesprochen wurde, war die Gründerin des Zisterzienserklosters Trebnitz in Schlesien, in das Agnes zu ihrer weiteren Erziehung gebracht wurde, um mit dem Land ihres späteren Mannes vertraut zu werden.

Schon im Jahre 1213 starb jedoch Boleslaw und Agnes kehrte im Alter von fünf Jahren nach Prag zurück. Ihre weitere Erziehung erfolgte in dem Prämonstratenserstift Doxan, das ihre Großmutter, Gertrud von Österreich, gegründet hatte. Zwei der führenden Äbtissinnen des Klosters Doxan, Margarethe und Elisabeth, waren Fürstinnen von Znaim. Die Unterbringung der Königstochter in dem Prämonstratenserstift Doxan stellt offenbar die Verbindung zu der Entstehung der Handschrift im Prämonstratenser-Chorherrenstift Klosterbruck her.

anno incarnacõis dñice · Millesimo · CC· xxx viii; psellimu
patrem gregoriu papam nouiñ confirmatus est ordo fratrum
cruciferoz cum stella de regula sã augustiui que funda
uit adhuc iuleaulo exestens rpia uistiua uirgo Agnes
rojali genita exprogenie patre uidelicet przemislo il
justri rege bohemoz Matre uero constantia sorore

*Hl. Agnes, Tochter
des böhmischen
Königs Přemysl
Ottokar I.*

99

Heinrichs Vater Kaiser Friedrich II.

Wladislaw Heinrich, der Markgraf von Mähren und seine Frau Kunigunde gaben wahrscheinlich den Auftrag zur Anfertigung der Schrift, um Agnes mit der Liturgie der Prämonstratenser vertraut zu machen und ihr das Einleben in Doxan zu erleichtern. Der Markgraf und seine Frau, die selbst kinderlos waren, hatten eine enge Beziehung zu Agnes.

Agnes wechselvoller Lebenslauf erhielt eine weitere Wendung, als eine Vermählung der Königstochter mit Heinrich, dem Sohn des deutschen Kaisers Friedrich II. beschlossen wurde. Wieder ging Agnes auf Reisen, diesmal in das Land des zukünftigen Gatten nach Wien. Doch die versprochene Vermählung kam nicht zustande. Agnes kehrte nach Prag zurück. Die streng religiöse Ausrichtung der eigenen Mutter, der möglichen Schwiegermutter in Schlesien und Kunigunde, der Frau des Markgrafen, bewirkten wohl auch bei Agnes eine Hinwendung zu einem streng religiösen Leben in Prag. Im Jahre 1234 wurden noch einmal Heiratspläne von seiten König Heinrichs III. von England und auch von seiten des deutschen Kaisers Friedrich II. an Agnes herangetragen. Sie lehnte jedoch ab, da sie bereits fest entschlossen war, sich auf ein Leben im Kloster einzustellen. Noch im gleichen Jahr trat Agnes als Nonne dem Orden bei, der auf ihre Veranlassung von ihrem Vater nach Böhmen gerufen worden war. 1237 wurde sie von Papst Gregor IX. als Äbtissin dieses Klosters bestätigt, das – als Hospital ins Leben gerufen – unmittelbar dem Heiligen Stuhl unterstellt wurde. Auf diese Entscheidung des Papstes führt der Orden der »Kreuzherren mit dem roten Stern« seine Gründung zurück.

Agnes bemühte sich mit Unterstützung des böhmischen Königshauses um die Ausbreitung des Ordens. In einer Handschrift aus dem Jahre 1356 ist Agnes dargestellt, wie sie einem Kreuzherren eine Kirche übergibt. König Wenzel I., der Bruder von Agnes, vermachte dem Orden die weltliche Propstei Pöltenberg bei Znaim im Jahre 1240. So gibt es nicht nur über die Handschrift aus dem Prämonstratenser Chorherrenstift Klosterbruck bei Znaim, sondern auch über das Stift Pöltenberg bei Znaim eine Verbindung von Agnes zur Thaya. Agnes wurde 1874 selig- und am 12.11.1989 heiliggesprochen. Sie starb im Jahre 1282.

Die erwähnte Handschrift des Stiftes Klosterbruck ist für die Königstochter zur Zeit ihrer Unterbringung im Prämonstratenserstift Doxan entstanden. Im Totengedenkbuch finden sich, wie schon erwähnt, Hinweise auf Znaim und das Stift Klosterbruck.

Die Erwähnung von Personen aus der schlesischen Herzogsfamilie und von Mitgliedern des Klosters Trebnitz in Schlesien weist auf den Aufenthalt von Agnes im Kloster Trebnitz hin.

Eine besondere Bedeutung erhält die Handschrift durch die Gestaltung der Miniaturen, die von Beschreibungen der dargestellten Vorgänge in mittelhochdeutscher Sprache umrahmt sind. Der Originaltext auf einer dieser Folien lautet:

»Cursus sanctae Mariae«.
Romanische Handschrift
um 1215

»Hie spinnet, Adam rodet.

Abel opfert ein lamb.

Cain eine garue.

Cain slet sinen bruder abel.

Got fraget cain wa sin brud'si.

Cain wa is din b.

Sol ich sin hut sin.«

Die Folien 53–54 enthalten ein Gebet, das zum Teil in lateinischer, zum größten Teil aber in mittelhochdeutscher Sprache abgefaßt ist. Das Gebet beginnt frei übersetzt mit den Worten:

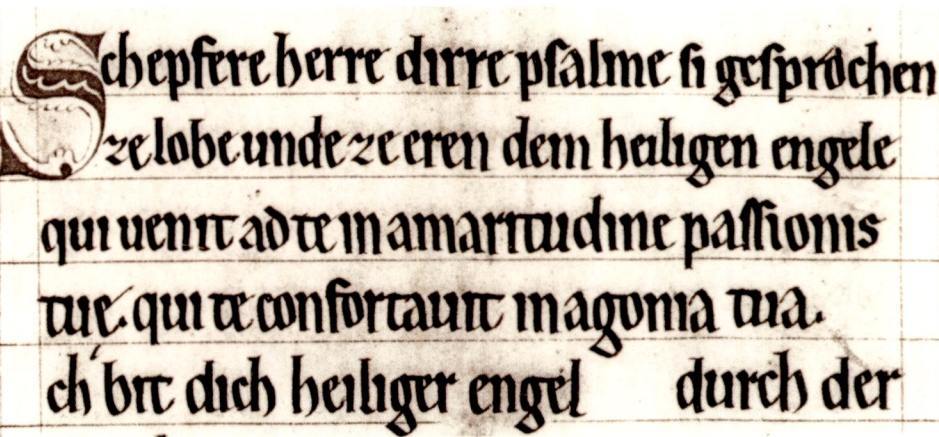

»Cursus sanctae Mariae«,
Gebet aus der Handschrift

»Schöpfer Herr, dieser Psalm sei Dir gesprochen
um zu loben und zu ehren den heiligen Engel,
der zu Dir gekommen ist in der Bitterkeit
Deines Leidens, welcher Dich gestärkt hat
in Deinem Todeskampf.
Ich bitte Dich heiliger Engel …«

Das Ergebnis der Nachforschungen über diese Handschrift aus dem Prämonstratenser Chorherrenstift Klosterbruck läßt sich wie folgt zusammenfassen: Die Handschrift entstand um 1215 und wurde wahrscheinlich von dem mährischen Markgrafen und seiner Frau für Agnes in Auftrag gegeben. Die Ausarbeitung der Miniaturen dieser Handschrift verweist auf drei verschiedene Künstler. Die Bedeutung der Handschrift liegt sowohl in der künstlerischen Gestaltung als auch in der historischen Verbindung zum böhmischen Herrscherhaus.

Die bei dem Stift Klosterbruck im Stadtrechtsbuch aus dem frühen 16. Jahrhundert erkennbare Thayabrücke spielte nicht nur für den Handelsweg von Wien nach Prag eine wichtige Rolle. In der Schlacht bei Znaim im Jahre 1809 zwischen Napoleon und der österreichischen Armee war die Eroberung dieses Thayaüberganges für die Verteidigung der Stadt von entscheidender strategischer Bedeutung.

Der Standort Znaim als befestigter Platz mit starken Mauern, Gräben und befestigten Toren bildete an der strategisch wichtigen Linie der nach Osten fließenden Thaya einen Knotenpunkt zur Abwehr eines sich von Süden nähernden Feindes. Schon im 3. Koalitionskrieg gegen Napoleon im Jahre 1805 war diese Verteidigungslinie bei Znaim, nach der Niederlage des österreichischen Heeres bei Ulm, für den Heerführer der mit Österreich verbündeten russischen Armee von strategischer Bedeutung. Tolstoi beschreibt den Rückzug der russischen Armee in »Krieg und Frieden« über die Donau bei Krems nach Norden und schildert die Überlegung des russischen Heerführers Kutusow zur Rettung seiner Armee: »Wie der Kundschafter berichtete, rückten die Franzosen, die die Brücke bei Wien überschritten hatten, in Gewaltmärschen gegen Znaim vor, das etwas über hundert Werst vor Kutusow auf der Rückzugslinie lag. Erreichte er Znaim vor den Franzosen, so waren die Aussichten, die Armee zu retten, größer. Mußte er aber geschehen lassen, daß die Franzosen ihm in Znaim zuvorkamen, so war sicher, daß er das ganze Heer entweder in Schmach, ähnlich der Ulmer Katastrophe, entgegen führte oder es dem völligen Untergang preisgeben mußte.«

Den russischen Verbänden sollte es 1805 nicht gelingen, dem französischen Heer zuvorzukommen und den Vormarsch Napoleons aufzuhalten. Ganz Südmähren wurde von den Franzosen besetzt, und Napoleon bezog am Oberen Platz der Stadt Znaim Quartier. Von dort aus marschierte er weiter nach Norden und stellte die vereinigten russischen und österreichischen Verbände bei Austerlitz 1805, wo er einen entscheidenden Sieg errang.

Wenige Jahre später, 1808, eröffnete Österreich gegen Napoleon erneut die Kampfhandlungen, in deren Verlauf es der österreichischen Armee unter Erzherzog Karl zunächst bei Aspern 1809 gelang, Napoleon nach einem blutigen Ringen zu der Räumung des Schlachtfeldes zu zwingen. Napoleon schrieb an diesem Tag an die Kaiserin Josephine: »Meine Verluste sind ziemlich schwer.« Schon im Juli des gleichen Jahres wendete sich das Kriegsglück zu Gunsten der französischen Armee. Bei Wagram mußte sich das österreichische Heer zurückziehen und gegen Norden absetzen. Wie vier Jahre vorher die Russen, bewegte sich nun die Hauptmacht der österreichischen Armee in Richtung Znaim. Auch bei dieser Rückzugsbewegung hoffte die österreichische Armeeführung, eine Verteidigungslinie um Znaim und an der Thaya aufbauen zu können. Napoleon ließ dem österreichischen Heer keine Zeit zu Sammlung und Neuaufstellung und setzte seinen Vormarsch energisch in Richtung Znaim fort. Am 6. und 7. Juli hatte die Schlacht bei Wagram getobt, und schon am 10. Juli war Napoleon in Laa an der Thaya. Fran-

Erzherzog Karl von Österreich

Route nach Iglau

Brenditz

Eidnitz

Znaim

Tollenberg

Kloster Bruck

Tatja Fl.

Könitz

Töllpitz

neu Sc

Poppitz

Kayling

Knadlersdorf

Scheltau

Plan zur
Schlacht
bei Znaim

zösische Einheiten befanden sich an diesem Tag bereits auf dem Marsch von Nikolsburg über Laa in Richtung Znaim. Erst allmählich trafen Teile des österreichischen Heeres an der Thaya bei Znaim ein und wurden vor dem Thayaübergang und ostwärts von Znaim aufgestellt. Erzherzog Karl war gänzlich auf Verteidigung der bezogenen Stellungen eingestellt und unterließ Gegenangriffe gegen die Stellungen der Franzosen, die zu diesem Zeitpunkt zahlenmäßig noch unterlegen waren. Schwere Kämpfe um Vororte östlich von Znaim und um die Brücke über die Thaya vor der Stadt führten am 10. und 11. Juli immer wieder zu Geländegewinnen auf der einen oder anderen Seite. Alexander Pock, der sich als Tier- und Mi-

Napoleon in der Schlacht bei Znaim.
Ölgemälde von A. Plock

litärmaler einen Namen machen konnte, hat den Standort des Kaisers während der Schlacht in einem Ölbild festgehalten.

Die günstige strategische Lage der Stadt hat sich bei den Kämpfen auch dann noch bewährt, als die Franzosen bereits über die Thayabrücke vorgedrungen waren und zum Sturm auf das Untere Tor ansetzten. Ein österreichischer Verband innerhalb der Stadt stürzte sich aus dem Tor gegen den bergauf vordringenden Feind und trieb die Franzosen zur Thayabrücke zurück.

Die Schlacht bei Znaim endete ohne entscheidende Vorteile für eine der beiden Seiten. Am Abend des zweiten Tages wurde bei dem Ort *Zuckerhandl* ein Waf-

Bauernhof an der Thaya.
Ölgemälde von Othmar Ruzicka

*Znaimer
Stadtrechtsbuch
von 1523*

fenstillstand vereinbart. Beide Seiten waren mit dieser Waffenruhe zufrieden: die österreichische Seite, weil deren Verbände dem kampferprobten französischen Heer nicht gewachsen waren, Napoleon, weil er seine volle Streitmacht in der kurzen Zeit nicht heranführen konnte, um eine Entscheidung zu seinen Gunsten herbeiführen zu können.

Bei dem Ort Zuckerhandl wurde im 19. Jahrhundert ein Baum gepflanzt, der als »Napoleonseiche« an die Schlacht bei Znaim erinnert und an den Standort, von dem aus Napoleon die Entwicklung der Kämpfe um die Stadt und um die östlich vorgelagerten Dörfer gut beobachten konnte.

Zuckerhandl ist urkundlich bereits 1231 erwähnt. Bei der Abgrenzung des Znaimer Pfarrbezirkes in der Urkunde des Jahres 1231 wird das Osttor der Stadt als das Tor erwähnt, das nach Zuckerhandl führt: »ad portam orientalis, que ducit ad Zuchoherdel«.

Nach dem Abzug der beiden Heerhaufen zeugten die verwüsteten Orte um die Stadt Znaim, die geplünderten und niedergebrannten Bauernhöfe, von dem erbitterten Ringen, das auf beiden Seiten zahlreiche Opfer gefordert hatte.

Die Stille und Geborgenheit der Bauernhöfe in den Dörfern an der Thaya, die in dem Bild von Othmar Ruzicka zum Ausdruck kommen, kehrten erst wieder nach dem Abzug der Truppen ein.

Nach dem Verlassen des engen Tales nimmt der Fluß seinen Weg in die fruchtbare Weite des südmährischen Bauernlandes. Auch diesen Abschnitt begleiten Schlösser, Burgen und Ruinen. Die Weinberge ziehen sich von hier aus weit über die Grenze in das niederösterreichische Weinviertel hinein. Über Jahrhunderte war der Weinbau eine wichtige Erwerbsquelle und über Jahrhunderte war die Rechtsprechung für alle Streitfälle zum Weinbau diesseits und jenseits der Grenze einheitlich.

Das Recht in den Städten Böhmens und Mährens wurde zum Teil vom Magdeburger, zum Teil vom süddeutsch-fränkischen Stadtrecht bestimmt. So war das deutsche Stadtrecht auch zu beiden Seiten der Thaya die Grundlage der Rechtsprechung in den größeren Gemeinwesen. Der älteste Hinweis auf das Stadtrecht von Znaim findet sich in dem Stadtrechtsbuch aus der ersten Hälfte des 14. Jahrhunderts, das die vom böhmischen König Wenzel im Jahre 1292 erteilten Privilegien betrifft. Bestätigt wurde das Stadtrechtsbuch aus dem Jahre 1523 durch Ludwig II., dem König von Böhmen und Ungarn. Die Einführung zu dieser Sammlung des geltenden Rechts gibt Zeugnis von der hohen Achtung vor der Rechtsprechung nach überliefertem deutschen Recht:

Ludwig II., König von Böhmen und Ungarn

»Da durch die Gerechtigkeit
zwischen denen die fur gericht komen
und underscheidlicher furfallenden
sachen durch urtail begeren.
an das licht komen mocht.
Und das yedem das seyn gegeben.
auch fryd und aymkait dem
Gemeinen nutz mocht erspriesen.«

(Daß die Gerechtigkeit
an das Licht kommen möchte
zwischen denen, die vor Gericht kommen
und unterschiedlich zu den vorliegenden
Sachen ein Urteil begehren.
Und daß jedem das Seine gegeben.
Auch Friede und Einigkeit dem
gemeinen Nutzen möchte ersprießen.)

Deutsches Recht war in den Städten an der Thaya, wie im übrigen Böhmen und Mähren, über Jahrhunderte die Regel. Eine Besonderheit in der Rechtsgeschichte ist jedoch die Gültigkeit deutschen Rechtes in bezug auf den Weinbau, der für die wirtschaftliche Entwicklung des Großraumes von besonderer Bedeutung war.

Die Zusammengehörigkeit des Siedlungsgebietes auf der mährischen Seite, das im Norden weit über die Thaya hinaus bis unmittelbar vor Brünn reicht mit dem Weinviertel Niederösterreichs, kommt in dieser gemeinsamen Rechtssprechung deutlich zum Ausdruck.

In dem »Brünner Schöffenbuch« des 14. Jahrhunderts ist unter der Nummer 478 der Schöffensprüche das Zugrecht in Weinbergsachen aus dem Brünner Raum »an die Schöffen zu *Falkenstein*« bestätigt. Damit ist etwa die nördliche Grenze des Raumes angegeben, in dem das deutsche Weinbergrecht über Jahrhunderte Gültigkeit hatte. Die Grafendingstätte in Falkenstein hat also nicht nur für die Weinbauern im niederösterreichischen Raum, sondern auch für die Weinbauern bis weit über die Thaya Recht gesprochen. Ein »Bergtaiding« (Bergrecht) aus Falkenstein, niedergeschrieben im Jahre 1528 ist erhalten. Darin wird auf das Bergrecht des Jahres 1309 Bezug genommen.

Anzunehmen ist, daß der Weinbau nach Falkenstein und an die Thaya mit dem großen Siedlerstrom des 11. Jahrhunderts aus dem pfälzisch-fränkischen Raum gekommen ist. Daß noch Anfang des 17. Jahrhunderts Falkenstein als Oberhof für das Weinbergrecht vom mährischen Landtag anerkannt wurde, zeigt

»Bergtaiding«. Das Weinbergrecht von Falkenstein 1528

die Beständigkeit und die Bedeutung der Grafendingstätte für das gesamte Siedlungsgebiet. Über Jahrhunderte hat der Oberhof zu Falkenstein mit seiner Anwendung des deutschen Weinbergrechtes die Veränderungen der Grenzziehung zwischen Mähren und Niederösterreich nicht zur Kenntnis genommen und die Rechtsgemeinschaft der Siedler aufrechterhalten.

Die Weinbaugemeinden entlang der Thaya hatten zum Teil eigene Bergrechte, die sich an das Vorbild des Falkensteiner Bergrechtes hielten. In den Bergrechten der Gemeinden waren die Pflichten der »Berggenossen« und die Rechte der Gutsherren festgehalten. Jährlich einmal wurde beim »Bergtaiding« den Weinberginhabern, den Berggenossen, das Bergrecht vorgelesen. Damit wurden die über Generationen überlieferten Rechtsgrundsätze lebendig gehalten.

Auf dieses deutsche Weinbergrecht nimmt offensichtlich eines der ältesten Dokumente aus dem südmährischen Raum Bezug, mit dem ein Ritter Rüdiger im Jahre 1202 einen Weinbergzehnten in Gnadlersdorf bei Znaim an das Prämonstratenser Chorherrenstift Klosterbruck »nach deutschem Recht« überträgt.

So wie die Weinberge von der mährischen in die niederösterreichische Seite übergehen, so kannte auch das gesprochene Wort, die Mundart der Menschen beiderseits des Flusses, keine Grenzziehung. Erst die Vertreibung der Südmährer aus ihrer Heimat in den Jahren 1945/1946 führt zum allmählichen Verstummen der Mundart dieser Vertriebenen, die sich einer neuen Umwelt anpassen mußten.

Über Jahrhunderte hatte die von den einstigen Siedlern mitgebrachte Mundart Bestand, von Generation zu Generation weitergegeben. Ein bedeutender süddeutscher Mundartdichter, der aus Südmähren stammende Karl Bacher, hat seine tiefe Zuneigung zu diesem Land an der Thaya in vielen Gedichten und Erzählungen zum Ausdruck gebracht. Lassen wir ihn in seiner Sprache zu Wort kommen, die im Original nicht leicht zu lesen ist.

Das Lied von der Thaya

Wo de Thaya rinnt,
steht a Ste(g),
finda drüber blind
noh mein' We(g).
Wo de Thaya rinnt,
bin ih grennt ols Kind,
do bin ih dahoam – dahoam!

Bei-r-an Hüaterbrunn
los ih long,
weil a mer vergunn
sein stills Gsong.
Oft beim Hüaterbrunn
hot mih bußt de Sunn,
do bin ih dahoam – dahoam!

Bleahnt a Wiesn wo,
steh-r-ih stad,
schmeck den Wind jo doh,
wos do waht.
Bleahnt a Wiesn wo,
klockt mer's Herz aso,
do bin ih dahoam – dahoam!

Rauscht an Oschpmbam,
wird's mer weh,

(Wo die Thaya rinnt,
steht ein Steg,
finde drüber blind
noch meinen Weg.
Wo die Thaya rinnt,
bin ich gerannt als Kind,
da bin ich daheim – daheim!

Bei dem Hirtenbrunnen
horch ich lang,
weil er mir vergönnt
seinen stillen Sang.
Oft beim Hirtenbrunn'
hat mich küßt die Sonn',
da bin ich daheim – daheim!

Blüht die Wiese wo,
steh ich still,
riech den Wind ja dort,
woher er weht.
Blüht die Wiese wo,
klopft mein Herz mir so,
da bin ich daheim – daheim!

Rauscht ein Espenbaum,
wird es mir so weh,

steignt mer Kinertram
viel i d' Höh.
Holt' beim Oschpmbam
meine Zahran kam,
do bin ih dahoam – dahoam!

Wo a Bildsäuln steht,
is's, ols wia
wonn ih d'Muider hätt,
geh nit vür.
Wo a Bildsäuln steht,
kimmt mer a Gebet,
do bin ih dahoam – dahoam!

Lo(d)nt a Bauernstubm
mih wo ein,
tausndmol »Wollkumm!«
hör ih s' schrein,
weil de Bauernstubm
wendt me um und um!
Do bin ih dahoam – dahoam!)

steigen Kinderträume
viele mir in die Höh'.
Halt' beim Espenbaum
meine Tränen kaum,
da bin ich daheim – daheim!

Wo eine Bildsäule steht,
ist es mir, als
wenn ich meine Mutter hätt',
geh' nicht vorbei.
Wo eine Bildsäule steht,
kommt mir ein Gebet,
da bin ich daheim – daheim!

Lädt eine Bauernstub'
irgendwo mich ein,
tausendmal »Willkommen!«
hör ich alle schrein,
jede Bauernstub'
bewegt mich um und um!
Da bin ich daheim – daheim!)

»Das Lied von der Thaya«.
Gedicht von Karl Bacher,
Handschrift

113

Unterhalb der Stadt Znaim verändert sich das Landschaftsbild. Die Ufer der Thaya wurden bis in das 19. Jahrhundert immer wieder überschwemmt. Zum Teil suchte sich der Fluß neue Wege durch das ebene Land, von dem schon Cosmas im 11. Jahrhundert berichtet hatte. Aus den alten Urkunden ist zu entnehmen, daß um das Jahr 1600 vier Thaya-Arme bei dem Ort *Erdberg* das Land durchschnitten. Einer dieser Arme sicherte die Burg von Erdberg auf der linken Thaya-Seite, die schon im Jahre 1052 urkundlich nachgewiesen ist, von der aber heute keine Reste erhalten geblieben sind. Unter der früheren Burganlage finden sich ausgedehnte Erdgänge und Erdräume (Erdställe), die sich unter die Häuser des mittelalterlichen Ortskerns erstrecken. Dieses weit ausgebaute und heute zum Teil eingebrochene unterirdische Netz liegt etwa fünf Meter unter der Erdoberfläche. Die Gänge sind rund 60 cm breit und 80 cm hoch, und es ist bis heute nicht geklärt, ob es sich um Fluchtwege, um Vorratsräume oder um Schutzräume gehandelt hat, die bei Überfällen aufgesucht wurden.

Auf der anderen Seite der Thaya wurde einst die Burg *Joslowitz* errichtet, die seit dem Jahre 1250 nachgewiesen ist und im 16. Jahrhundert zu einem Renaissanceschloß umgebaut wurde. Ein weiterer Umbau erfolgte 1680, und 50 Jahre später wurde schließlich die letzte Umgestaltung durch Joseph Emanuel Fischer von Erlach ausgeführt, der dem Schloß eine Barockform gab. Die im Renaissanceschloß vorhandenen zierlichen Säulenarkaden des ersten Stockwerkes wurden bei diesem Umbau zugedeckt. Die Schloßkapelle ziert ein Deckenfresko von Franz Anton Maulbertsch, entstanden um 1775.

Bis zur Regulierung der Thaya hatte auch die niederösterreichische Grenzstadt *Laa an der Thaya* mit Überschwemmungen und mit den sich daraus bildenden Sümpfen ihre Not. Kurz vor Laa, bei der Mündung der Pulkau in die Thaya, überwindet der Fluß für ein kurzes Stück die österreichische Grenze, um unmittelbar danach wieder auf mährisches Gebiet zurückzukehren. Seit der Regulierung Ende des 19. Jahrhunderts befindet sich das Flußbett in einiger Entfernung von der Stadt, und nur der Thayamühlbach fließt unmittelbar an der Stadt vorbei.

Die erste urkundliche Erwähnung des Ortes stammt aus dem Jahre 1150. Der Ausbau des Ortes wird auf die Babenberger zurückgeführt, von denen Laa auch die Stadtrechte Ende des 13. Jahrhunderts ver-

Die Kirche von Joslowitz unterhalb des Schlosses.
Ölgemälde von L. Czerny

liehen wurden. Privilegien erhielt die Stadt von Friedrich dem Streitbaren und Rudolf von Habsburg. Wie die übrigen Städte und Orte entlang des Flusses wurde auch Laa immer wieder in die Kämpfe der an Kriegen reichen Jahrhunderte hineingezogen. Als Grenzstadt zu Mähren hatte besonders Laa zu leiden unter den Kämpfen des letzten Babenbergers, Friedrich des Streitbaren, unter dem böhmischen König Přemysl Ottokar II., unter Plünderungen mährischer Raubritter, unter den Hussiten, unter dem ungarischen König Matthias Corvinus, unter den Schrecken des Dreißigjährigen Krieges sowie unter der Besetzung durch Preußen, Russen und Franzosen im 19. Jahrhundert.

Die Burg von Laa geht auf eine frühe Gründung zurück. Der mit der Stadtmauer verbundene »Berchfried« stammt aus dem frühen 13. Jahrhundert. Vor der Regulierung des Flusses bot das sumpfige Umland der Burg besonderen Schutz. Ein Ausbau erweiterte die Burganlage zu Beginn des 15. Jahrhunderts, aus dieser Zeit stammt auch der runde Torturm. Die Lage des Ortes läßt darauf schließen, daß bereits im 11. Jahrhundert, zur Zeit der Bildung der »Böhmischen Mark«, Laa eine wichtige Aufgabe zu erfüllen hatte, vielleicht sogar der

Folgende Seite:
Laa an der Thaya.
Rest der Burganlage

Schloß Joslowitz von Westen

Mittelpunkt dieser Mark war. Nach der Verlegung der Grenze vom großen Bogen der Thaya um die Pollauer Berge nach Süden, hatte Laa für die Verteidigung gegen den Norden einen noch wichtigeren Auftrag als Grenzstadt zu Mähren.

Von der Stadt Laa fließt die Thaya parallel zur Grenze und kehrt bei *Alt Prerau* noch einmal für eine kurze Strecke auf österreichisches Staatsgebiet zurück. In diesem Grenzort an der Thaya befindet sich ein alter Herrschaftssitz, der auf Jahrhunderte zurückblicken kann.

An der wichtigen Verbindungslinie von Nikolsburg nach Znaim liegt an einem Thayaübergang der Markt *Dürnholz*, dessen ursprüngliche Burg seit der Mitte des 12. Jahrhunderts nachgewiesen ist. Die Herrschaft Dürnholz gehörte zunächst den Herren von Kanitz, bis die Herrschaft 1380 von Markgraf Ottokar von Mähren an das österreichische Geschlecht der Liechtenstein übertragen wurde. Den Umbau zu einem Schloß veranlaßte 1580 der Freiherr von Teuffenbach, weitere Umbauten erfolgten im 18. Jahrhundert.

Nach dem Zufluß der Schwarza, die von Norden aus dem Brünner Raum kommt, befindet sich *Unterwisternitz*, und etwas abseits auf der linken Seite des Flusses, mit einer schönen Sicht auf die Erhebungen der Pollauer Berge, liegt der

Schloß Dürnholz

Ort *Tracht*. In Urkunden des 11. Jahrhunderts finden wir den Namen des Ortes »Trechtin« bereits erwähnt. Bei der Besiedlung des Gebietes errichtete Kaiser Heinrich III. zum Schutz der Ostmark Grenzmarken: die »Ungarische« oder »Neue Mark« zum Schutz gegen Einfälle aus dem Osten und die »Böhmische Mark« gegen Einfälle aus dem Norden. Die westliche Begrenzung der Ungarischen Mark zur Böhmischen Mark bildete eine Linie von Tracht nach Süden zur Mündung der Fischa in die Donau. Die Böhmische Mark, die nur für eine kurze Zeitspanne nachgewiesen ist, wurde westlich dieser Grenzlinie entlang der Thaya errichtet. Die Erinnerung an diese Mark ist erhalten geblieben durch die Reichsgrafschaften an der mährisch/österreichischen Grenze, die unmittelbar dem Reich und nicht dem österreichischen Markgrafen unterstanden.

Von Laa über Dürnholz führt der Lauf der Thaya nach Norden, um dem Juramassiv der Pollauer Berge in einem großen Bogen auszuweichen. Die Kalkformation dieses Höhenrückens, der sich aus den Thaya-Auen gegenüber dem Ort Tracht erhebt, erstreckt sich von den an der Thaya gelegenen Weindörfern Pollau und Unterwisternitz bis Nikolsburg.

Obstgärten, Weinberge und Gemüsefelder, die von den bayerisch-fränkischen Siedlern seit dem 11. Jahrhundert angelegt wurden, haben in dem klimatisch begünstigten Raum einen Garten Eden geschaffen.

In der Zeit der Mammutjäger, etwa 20 000 bis 30 000 Jahre vor unserer Zeitrechnung, gab es an den Südhängen der Pollauer Berge bereits Siedlungsplätze der Großwildjäger. Vor ihnen hatte sich in der jüngeren Altsteinzeit hier die Tundra ausgebreitet, eine baumlose Kältesteppe, die nur im Sommer an der Oberfläche auftauen konnte. Sträucher und Zwergbäume, Moose und Flechten bildeten die Nahrungsgrundlage für die Tierwelt, vor allem für das Mammut.

Durch die Tundra zog sich die Thaya, die sich nach dem Auftauen der dicken Eisschicht immer neue Wege durch die Ebene bahnte. Für die Mammutjäger war die Jagd auf die Großtiere, deren Stoßzähne bis etwa 150 Kilo schwer wurden, ein gefährliches, aber besonders wichtiges Unternehmen. Von einem erlegten Mammut konnte eine Jägersippe bis zu vier Wochen ernährt werden. Besonders gefährlich war die Jagd nach den großen Tieren, weil sie stets in Herden auf der Suche nach Nahrung die Tundra durchstreiften. Die bis zu vier Meter langen Stoßzähne eines ausgewachsenen Tieres wurden für manchen Jäger zum Verhängnis.

Von den Siedlungsplätzen am Hang der Pollauer Berge machten sich immer wieder Gruppen von Großwildjägern auf den Weg, um Nahrung für die Sippe zu beschaffen. Neben dem Fleischvorrat wurden von den Jägern auch das Elfenbein der Stoßzähne und das Fell geschätzt. Bei den Jagdausflügen diente sicherlich eine Mammut-Nachbildung, die bei den Ausgrabungen in den zwanziger Jahren des

Folgende Seite:
Blick auf die Pollauer Berge

Kaiser Heinrich III.

119

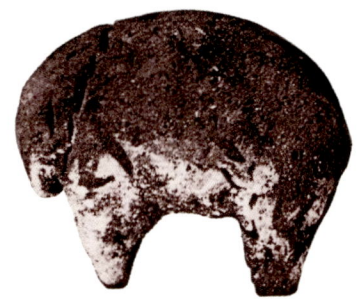

Mammut, Jagdtalisman

vorigen Jahrhunderts an einem Siedlungsplatz gefunden wurde, als Talisman. Diese Nachbildung ist aus Ton gebrannt und 2,6 cm zu 2,1 cm groß. Im Nacken des Tieres befindet sich eine Einkerbung, die wohl die Stelle markieren soll, an der das Tier vom Speer des Jägers getroffen werden soll. Die Abbildung des Mammuts zeugt von der Kunstfertigkeit der frühen Bewohner dieser Landschaft.

Bei *Unterwisternitz* am Nordfuß der Pollauer Berge ergaben Ausgrabungen deutliche Hinweise auf die Lebensbedingungen der frühen Großwildjäger. In der etwa 80 cm dicken Aschenschicht eines Brandplatzes von über 35 Quadratmeter Ausdehnung fanden sich eine Vielzahl von Steingeräten und eine besondere Sehenswürdigkeit. Eine pralle weibliche Figur – die »Venus von Unterwisternitz« – von etwa 11,5 cm Größe aus gebranntem Ton, kam bei diesen Ausgrabungen ans Tageslicht.

Ob diese Figur wie eine Reihe anderer vom Atlantik bis Rußland gefundener Venusfiguren, eine Muttergottheit darstellt, ist umstritten. Bei den Ausgrabungen wurde auch eine frühe Ziegelei freigelegt, die um 28 000 v. Chr. betrieben wurde und die nach Meinung von Experten schon eine Massenproduktion ermöglichte. Einen weiteren besonderen Grabungserfolg stellt der Fund eines geschnitzten Frauenköpfchens dar, das die Gesichtszüge meisterhaft wiedergibt.

Die Behausungen der Großwildjäger bildeten runde oder ovale Aushebungen, die offensichtlich mit Zelten überspannt waren. Funde von Steinen und Tierknochen an den Rändern der Aushebungen lassen darauf schließen, daß damit die Zeltbahnen beschwert werden sollten. Daß auf den Siedlungsplätzen auch Bernstein gefunden wurde, deutet auf einen Handel mit dem Ostseeraum bereits zu jener frühen Zeit.

Neben Unterwisternitz ist der Ort *Pollau* eine wichtige Fundstätte für die Zeit des Gravettien von etwa 26 000 bis 19 000 v. Chr. Genannt wird diese Epoche der Menschengeschichte nach dem Fundort La Gravette in Frankreich. In dem Grabungsgebiet um Pollau wurden viele Steinwerkzeuge in besonders kleiner Ausführung gefunden, um das zu bearbeitende Material, Elfenbein oder Knochen, feiner und präziser bearbeiten zu können.

Gegen Ende der Eiszeit vor etwa 12 000 Jahren, führte eine Klimaveränderung zu einer Änderung der Umweltbedingungen. Die Tundra am Fuß der Pollauer Berge und die Dauerfrostböden wichen infolge der Erwärmung allmählich einem Wald. Dem Mammut wurde in diesem Raum die Lebensgrundlage entzogen und mit dem Aussterben dieser Tiere verliert sich auch die Spur der Großwildjäger.

Auf der zur Thaya nächstgelegenen Anhöhe der Pollauer Berge, dem *Maidenberg*, sind die Reste der Maidenburg zu erkennen. Unterhalb der Burg befinden sich die Felssäulen der drei »versteinerten Jungfrauen«, von denen viele Sa-

»Venus von Unterwisternitz«

Pollauer Berge: Die Maidenburg

gen erzählen. An diesem nördlichsten Ausläufer der geschichtsträchtigen Pollauer Berge, der sich mehr als dreihundert Meter über die Thaya-Auen erhebt, wurde diese Wehranlage errichtet. Sie ist ein Hinweis auf die erste Grenzziehung um das Jahr 1040 zwischen Mähren und der Ostmark. Wahrscheinlich wurde bereits zu dieser Zeit auf dem Maidenberg eine erste Wehranlage erstellt. 1222 wird ein Burgherr Stephan von Medlow (Mödlau) genannt, bevor die Burg an das Haus Liechtenstein fällt. Von den Schweden wurde die Anlage gegen Ende des Dreißigjährigen Krieges 1645 erobert und in Brand gesteckt. Obwohl nur Ruine, war die Burg nachrichtlich bis zum Jahre 1874 mit einem Wächter besetzt. Die vorhandenen Reste, die Ostmauer und Teile der Westmauer sowie zwei übereinanderliegende Wehrgänge zeigen die Bedeutung, die diesem Standort beigemessen wurde.

Weiter südlich krönt die *Rosenburg* auf einem Hügel der Pollauer Berge zwei nebeneinanderliegende Felsspitzen. Im 13. Jahrhundert gehörte die Burg dem Geschlecht der Orphani, seit 1334 den Herren von Liechtenstein. Aus dem 16. Jahrhundert stammen Baureste von Umbauten der Renaissancezeit. Auch diese Burg wurde von den Schweden 1645 eingenommen und zerstört.

123

Mit den Pollauer Bergen verbunden ist nicht nur die Erinnerung an die Großwildjäger und die in den Thaya-Auen grasenden Mammuts: Es ist die Zeit, in der die Römer an der Donau standen und Noricum ein Bestandteil des römischen Weltreiches war. Nördlich der Donau siedelten verschiedene germanische Völkerschaften, mit denen die Römer über lange Zeit friedlich Handel treiben konnten. Die Markomannen in Böhmen und die Quaden in Mähren waren schon im ersten nachchristlichen Jahrhundert eingewandert. Sie wurden wahrscheinlich durch die Zunahme der Bevölkerung oder durch Mangel an fruchtbarem Boden in der zweiten Hälfte des 2. Jahrhunderts veranlaßt, nach Süden aufzubrechen und im Jahre 166 den Limes zu überwinden. Sie wurden von Kaiser Marcus Aurelius zurückgeworfen.

Zur Abwendung der Bedrohung aus dem Norden und zur Sicherung Noricums wurde eine unbewohnte Zone am Nordufer der Donau mit den Germanen vereinbart. Vorgeschobene Stützpunkte der Römer im Land der Germanen wurden errichtet, sie sollten einen zusätzlichen Schutz darstellen. Ein solcher römischer Stützpunkt am Thaya-Übergang wurde bei *Muschau* in den zwanziger Jahren bei Ausgrabungen freigelegt. Der Ort Muschau wurde nach dem Zweiten Weltkrieg, Ende der siebziger Jahre, abgetragen und liegt heute unter der in diesem Gebiet gestauten Thaya. Nur die Kirche, die auf einer Anhöhe die Wasserfläche des Stausees überragt, ist erhalten geblieben. Am sogenannten »Burgstall« des Zeiselberges konnten die Reste eines römischen Kastells gefunden und die dort einst vorhandenen Bauten rekonstruiert werden. Der Zeiselberg am Nordufer der Thaya und in unmittelbarer Nachbarschaft der Pollauer Berge stellt eine Hügelkuppe dar, welche die Thaya-Auen um etwa 40 Meter überragt. Die Ausgrabungen brachten jedoch nicht nur den Beweis für das römische Kastell. Anhand von Bodenfunden konnten auch Siedlungsreste der jüngeren Steinzeit, Gräber aus der La-Tène-Zeit und ein mittelalterlicher Ringwall nachgewiesen werden.

Drei Jahre nach dem ersten Vordringen der Markomannen und Quaden erfolgte ein weiterer Vorstoß über die römischen Verteidigungslinien. Mark Aurel gelang es wieder, die Germanen zurückzudrängen. Zur Befriedung des Raumes nördlich der Donau hatte sich Mark Aurel zu einem Feldzug gegen die Markomannen und Quaden entschlossen. Mit seinem Heer brach er im Jahre 171 von Carnuntum auf. Dieser Kriegszug ist an der Markussäule in Rom detailliert dargestellt. Nach Erkenntnissen des damaligen Leiters der Ausgrabungen am Zeiselberg beschreibt die Markussäule nicht nur den Vormarsch Mark Aurels zur Thaya, sondern auch die Lage des römischen Kastells am Burgstall und die Kampfhandlungen, die sich dort abgespielt haben.

Die Quaden hatten zu der Zeit, als das römische Heer von Carnuntum aufgebrochen war, das Kastell umzingelt, und nur durch das rechtzeitige Eintreffen

Kaiser Mark Aurel

des Heeres an der Thaya konnte der Belagerungsring aufgebrochen werden. Die Germanen mußten sich, so die Überlieferung, in die Pollauer Berge zurückziehen. Die kriegerischen Auseinandersetzungen sind unter der Bezeichnung »Markomannenkriege« in die Geschichte eingegangen.

Die an den südlichen Ausläufern der Pollauer Berge liegende Stadt *Nikolsburg* mit ihrem breit hingelagerten Schloß blickt auf eine Vergangenheit zurück, die von zwei bedeutenden Fürstenhäusern bestimmt war. Dem österreichischen Ritter Heinrich von Liechtenstein wurde die Herrschaft Nikolsburg von dem mährischen Markgrafen Ottokar 1249 übertragen. Mehr als 300 Jahre blieb der Besitz in Händen dieses Geschlechts, das bekanntlich bedeutende Männer hervorgebracht hat. Erst nach dem Verkauf durch Christoph von Liechtenstein kam die Herrschaft im Jahre 1560 an Adam von Dietrichstein, einen Edelmann aus Kärnten.

König Matthias Corvinus

Die Stadt Nikolsburg, der 1330 das Stadtrecht verliehen wurde, das Schloß und die ehemalige Burg können auf eine überaus bewegte Geschichte zurückblicken. Wegen der strategisch wichtigen Lage war der Ort immer wieder das Ziel militärischer Handlungen. Nikolsburg wurde 1426 von den Hussiten zerstört, in den Auseinandersetzungen zwischen dem böhmischen König Georg von Podiebrad und Matthias Corvinius in den Jahre 1468–1471 hat die Stadt schwer gelitten, sie wurde von den Schweden erobert, von den Türken und Polen verheert, im 19. Jahrhundert von preußischen, russischen und französischen Truppen besetzt. Im Jahre 1621 wurde in Nikolsburg ein Friede geschlossen. Reichsfürst Kardinal von Dietrichstein schloß diesen Frieden im Auftrag des Kaisers Ferdinand II. mit Bethlen Gabor, dem König von Ungarn und Siebenbürgen.

Bis in das 16. Jahrhundert lag das Land an der Thaya im Spannungsfeld der beiden Machtzentren Wien und Prag. Viele Kriegszüge, von beiden Seiten ausgehend, haben tiefe Narben durch Brandschatzungen, Plünderungen und Bevölkerungsverluste durch Heere aus Böhmen, Mähren und Österreich und durch besonders gefürchtete Einfälle der Magyaren und ihrer Verbündeten hinterlassen. Beim Vormarsch der Türken gegen Wien führten deren Streifzüge auch in diesen Raum und entvölkerten ganze Dörfer. Drei Dörfer an der Thaya konnten nach dem Abzug der Türken nicht mehr mit den Überlebenden bewirtschaftet werden. Der Gutsherr entschloß sich daher, die auf der Flucht vor den Türken in das Land gekommenen Kroaten anzusiedeln. Jahrhunderte lebten die Kroaten friedlich mitten unter der deutschen Bevölkerung.

1526 kam der letzte böhmische König, der Jagellone Ludwig II., auf einem Feldzug gegen die Türken ums Leben. Das Erbe der Königskrone fiel aufgrund ihrer Heiratspolitik den Habsburgern zu. Böhmen und Mähren wurden Teile des Habsburgerreiches. Das bis dahin vorhandene Spannungsfeld zwischen Prag und Wien löste sich weitgehend auf und sollte erst viel später, nach dem Erstarken des

tschechischen Nationalbewußtseins, wieder zu einem Problem werden. Im 18. Jahrhundert hatte das Land an der Thaya unter neuen Spannungen zu leiden. Mit Friedrich dem Großen und seinen Vorstellungen von der notwendigen Machtausdehnung Preußens ergab sich für Kaiserin Maria Theresia eine bedrohliche Herausforderung. Der Krieg um Schlesien und um die Erweiterung Preußens brachte für das Land neue Schrecken und Entbehrungen. Preußische Soldaten rückten an die Thaya vor, eroberten weite Teile des Landes und besetzten 1742 Znaim, das Chorherrenstift Klosterbruck und Nikolsburg. Friedrich II. nahm in Znaim Quartier.

Und mehr als einhundert Jahre später lag das Land wieder im Spannungsfeld zwischen Preußen und Österreich. Bei diesem Krieg sollte die endgültige Entscheidung über die Vorherrschaft in Deutschland fallen.

Den Vorwand für den Beginn der kriegerischen Auseinandersetzung mit Österreich lieferte Schleswig-Holstein. Der Feldzug gegen Österreich begann am 21. Juni 1866. Bei Königgrätz wurden die österreichischen Truppen entscheidend geschlagen und mußten sich in Gewaltmärschen nach Süden zurückziehen, um an der Donau eine neue Verteidigungslinie aufzubauen. Die preußischen Truppen

Kaiserin Maria Theresia

Links:
Schloß Nikolsburg

Verhandlungen in Nikolsburg.
Stich von Fritz Kriehuber

rückten über die Thaya vor. Bis auf kleine Gefechte blieb das Land von eigentlichen Kampfhandlungen verschont. Das preußische Hauptquartier wurde im Schloß Nikolsburg eingerichtet, dort bezogen auch König Wilhelm I. und Bismarck Quartier. Der Kronprinz wählte dazu das Schloß von Eisgrub. Die entscheidenden Waffenstillstandsverhandlungen wurden im Schloß Nikolsburg am 22. Juli 1866 geführt. Ein Stich von Fritz Kriehuber zeigt die Verhandlungsrunde im Schloß, an der neben dem preußischen König Bismarck und Moltke teilgenommen haben (S. 127).

Der Präliminarfrieden von Nikolsburg wird einen Monat später in Prag endgültig bestätigt.

Die preußische Besetzung im Jahre 1866 war im Unterschied zu früheren Zeiten nicht mit Plünderungen und Raubzügen verbunden. Aber die finanzielle Belastung war entsprechend groß, außerdem forderte die von den Soldaten eingeschleppte Cholera unter der Bevölkerung viele Opfer.

Für die weitere Entwicklung der europäischen Geschichte waren die Waffenstillstandsverhandlungen in Nikolsburg von weitreichender Bedeutung. Noch heute erinnern die Nikolsburger Straße und der Nikolsburger Platz in Berlin an das Ende dieses deutschen Bruderkrieges und an die Waffenstillstandsverhandlungen des Jahres 1866 in der südmährischen Stadt.

Nach dem Passieren der weit nach Norden reichenden Ausläufer des Kalkmassivs der Pollauer Berge kann sich der Fluß wieder nach Südosten wenden. Der Raum an dem Unterlauf der Thaya bis zur Mündung in die March wird aufgrund der jüngsten Ausgrabungsergebnisse zum Kerngebiet des mährischen Fürstentums gerechnet, des sogenannten »Großmährischen Reiches«. Dieses Fürstentum der »Mojimiden« unter Moimir I., Rastislaw, Zwentibald I. sowie dessen Söhnen Moimir II. und Zwentibald bestand zwischen 830 und 906. Im Jahr 906 wurde das Heer der Mährer von den Magyaren vernichtend geschlagen und das mährische Fürstentum verschwand von der Landkarte.

Über dieses Fürstentum, das an der Thaya durch Siedlungsplätze bei Lundenburg-Pohanska, bei Tracht-Petersiese, bei Unterwisternitz in der Flur »am Sand«, in Pollau und am Pöltenberg bei Znaim nachgewiesen wird, gibt es unterschiedliche Bewertungen. Einige Historiker sprechen vom »Großmährischen Reich« als einem Machtzentrum, das den Gedanken nahelegt, dieses Reich hätte ebenbürtig und unabhängig neben dem Deutschen Reich bestanden. Dies würde eine Selbständigkeit und Unabhängigkeit vom deutschen Kaiser voraussetzen. Andere Historiker wieder interpretieren dieses Fürstentum entsprechend seiner tatsächlichen Substanz als ein im Lehensverhältnis zum Kaiser stehendes und vom Kaiser abhängiges Fürstentum.

Verfolgt man die etwa 70 Jahre während Entwicklung des Verhältnisses der mährischen Fürsten zum Kaiser, dann ergeben sich eindeutige Hinweise für ein abhängiges Lehensverhältnis. Der Fürst Moimir I. (830–846), der dieses Fürstentum gegründet hatte, wurde von Kaiser Ludwig dem Deutschen bei einem Feldzug nach Mähren abgesetzt, um einen Abfall der Mährer vom Reich zuvorzukommen. Ludwig setzte Rastislaw (846–870) als neuen Fürsten ein. Der Rückmarsch des kaiserlichen Heeres bei diesem Feldzug gestaltete sich sehr schwierig und verlustreich, ein weiterer Feldzug des Kaisers hätte beinahe zu einer Katastrophe für das kaiserliche Heer geführt. Auch Rastislaw wollte eine größere Unabhängigkeit vom Reich herbeiführen und seinem Fürstentum weitere Gebiete unterwerfen. 864 führte Ludwig der Deutsche ein Heer über die Donau und belagerte Rastislaw in der Burg Dovina, über deren Standort keine einheitlichen Auffassungen bestehen. Rastislaw wurde von Karlmann bei einem weiteren Vorstoß nach Mähren abgesetzt und Zwentibald I. (871–894) als Nachfolger eingesetzt. Nach verschiedenen Kriegszügen erfolgte schließlich eine Einigung des mährischen Fürsten mit dem Kaiser, bei der Zwentibald dem Kaiser Treuepflicht gelobte. Unter Zwentibald hatte das Fürstentum seine größte Ausdehnung erreicht. Schwerpunkte des Fürstentums lagen in Böhmen, in der Slowakei, in der pannonischen Tiefebene und an den beiden Flüssen March und Thaya. In Mikulčice, einer von einem Seitenarm der March umflossenen Siedlung, lag wohl der Hauptsitz des Fürstentums.

Kaiser Otto der Große

Dem Sieg der Magyaren über das Heer der Mährer im Jahre 906 folgte ein Jahr später eine verheerende Niederlage des kaiserlichen Heeres bei Preßburg. Für ein halbes Jahrhundert mußte aufgrund dieser Niederlage die »Karolingische Mark« an der Donau bis Enns zurückgenommen, ein großes Siedlungsgebiet zu beiden Seiten der Donau den Magyaren überlassen werden. Mähren war unter magyarische Tributpflicht geraten. Von der Niederlage des Jahres 906 erholte sich das mährische Fürstentum nicht mehr. Während der magyarischen Unterdrückung kam es zu einer Verarmung und einem starken Rückgang der Bevölkerung. Erst der Sieg Otto des Großen über die Magyaren in der Schlacht auf dem Lechfeld im Jahre 955 machte für das Reich den Weg nach Osten wieder frei und die Magyaren verloren durch diese Niederlage ihren Einfluß auf Mähren. In das entstehende Machtvakuum drangen die Polen von Norden ein, die erst zu Beginn des 11. Jahrhunderts durch Břetislaw mit Unterstützung des Kaisers aus Mähren verdrängt werden konnten.

In den entvölkerten Raum an der Thaya stießen seit der ersten Hälfte des 11. Jahrhunderts die Siedler aus Bayern und Franken vor. Sie schufen beiderseits der Thaya neue Siedlungsplätze und entwickelten einen fruchtbaren und blühenden Landesteil.

129

Der Unterlauf der Thaya war häufig von Überschwemmungen heimgesucht. Es bildeten sich Tümpel, Sümpfe, Seen und verzweigte Flußarme. Auch das Gebiet um *Eisgrub* war eine Überschwemmungslandschaft. Nicht immer wirkte der Unterlauf der Thaya so beschaulich mit einer Brücke über den Fluß und der Gänsehüterin, wie auf dem Bild von Othmar Ruzicka.

Erst durch großzügige Sanierungsmaßnahmen und durch eine beispiellose Gestaltung eines großen Gebietes erhielt das Schloß Eisgrub seine heutige Gestalt. Erstmals erwähnt in den Urkunden wird die damalige Burg um 1212. Im Jahre 1249 kam die Herrschaft Eisgrub zusammen mit der Herrschaft Nikolsburg an das Haus Liechtenstein. Das wiederholt durch Umbauten und durch Ausbauten großzügig gestaltete Schloß war zum Teil nur Sommerresidenz, zum Teil war es auch ganzjährig von den Herren von Liechtenstein bewohnt. Verschiedene Mitglieder dieses Hauses haben über die Jahrhunderte hinweg aus der Burg und dem späteren Schloß und auch aus seiner weiteren Umgebung eine wahre Perle am Unterlauf der Thaya geschaffen, die der Perle am Oberlauf des Flusses, dem Schloß von Frain, ebenbürtig gegenübersteht.

In Eisgrub beeindruckt vor allem die Symbiose der großzügigen Schloßanlage mit den so abwechslungsreich gestalteten Parkanlagen. Die ursprünglich von

»Gänsehüterin«, Ölgemälde von Othmar Ruzicka

Eisgrub. Seitenflügel des Schlosses

Sumpf und Tümpeln durchzogene Landschaft wurde durch die Sanierung des Geländes zu einem Meisterwerk des Landschaftsbaues. Die Grundlage zu dieser aufwendigen Gestaltung schuf sich das Fürstenhaus durch sein Eintreten in der Zeit der Gegenreformation.

Schon um 1669 hat Fürst Eusebius von Liechtenstein die ersten Vorstellungen zum Umbau des Schlosses und zur Gestaltung eines Parkgeländes in französischem Stil entwickelt. Eusebius, der sich eingehend mit Fragen der Architektur auseinandergesetzt hatte, ist auch der Autor eines Architekturwerkes von 375 Seiten. Für die Erweiterung des Schlosses durch das Reitstallgebäude wurde im Jahre 1688 Johann Bernhard Fischer von Erlach gewonnen, der diesen Anbau im Stil des Spätbarock entwarf. Eine Vergrößerung des Parks erfolgte 1766, und in den folgenden Jahrzehnten erhielt das Parkgelände durch zusätzliche Bauwerke seine reiche Ausgestaltung. Der orientalische Turm zur Erinnerung an die Türkenkriege, die Hasenburg – gestaltet als Burgruine – wurden errichtet, es entstanden die Raisten-Kolonnade, das Jagdschloß Pohanska, das Grenzschloß über der bis 1918 zwischen Mähren und Niederösterreich bestehenden Grenze und das Palmen-Glashaus. Einen völligen Umbau des Schlosses ließ Fürst Alois II. in den Jahren 1846–1858 im gotischen Tudor-Stil vornehmen.

Mit dieser Umgestaltung ragt das Schloß auch heute noch über den Rahmen vergleichbarer Schloßgestaltungen im mitteleuropäischen Raum hinaus.

Folgende Seite:
Die hufeisenförmige Anlage
von Schloß Eisgrub

Der Park wurde in den Jahren 1870–1884 ein weiteres Mal, jetzt zu seiner endgültigen Form umgestaltet. In Richtung Feldsberg, dem Sitz des Fürstenhauses, entstand im Rahmen dieser Arbeiten eine Allee, die »Fürstenallee«. Sie verbindet die beiden Schlösser des Fürstenhauses Liechtenstein.

Diese Landschaftsgestaltung um das Schloß Eisgrub führte zu der Gründung einer höheren Gartenbauschule, die auch bedeutende Künstler nach Eisgrub führte. Ein Bild des in Brünn geborenen und in Eisgrub wirkenden C.M. Thuma gibt den Blick frei auf einen um Eisgrub angelegten See und den sich im See spiegelnden orientalischen Turm.

Die Burg *Feldsberg*, die als »Veldesperch« in den Urkunden der ersten Hälfte des 13. Jahrhunderts erscheint, und das sie umgebende Gebiet gehörten zum Hochstift Regensburg und wurden 1192 nach 130jährigen Besitz einem Wichard von Seveld (Seefeld) übertragen. Dieses Gebiet war von Kaiser Heinrich III. um 1040 dem Hochstift Regensburg zugesprochen worden. In einer Urkunde des Jahres 1277 wird dieser Landesteil (»Regensburger Luz«) beschrieben, darin wird die Thaya als »Tey« und Feldsberg als »Velsperch« aufgeführt. Nach den Seefeldern und den Kuenringern wurden die Herren von Liechtenstein 1391 Burgherren, die nach dem späteren Ausbau Feldsberg zu ihrer Residenzstadt machten.

Links:
Türkischer Turm im Schloßpark
von Eisgrub

Im Schloßpark von Eisgrub.
Ölgemälde von C. M. Thuma

Blick auf den See und den türkischen Turm

Umgebaut wurde die gotische Burg seit der Mitte des 17. Jahrhunderts von dem bereits in Eisgrub erwähnten baufreudigen Eusebius von Liechtenstein. Das von ihm begonnene Renaissanceschloß, welches noch mittelalterliche Bauteile übernommen hatte, wurde unter den nachfolgenden Fürsten Josef Johann Adam in der ersten Hälfte und Alois I. in der zweiten Hälfte des 18. Jahrhunderts zu einem mächtigen Barockbau umgestaltet, dem ein Ehrenhof vorgelagert wurde. Der endgültige Ausbau des repräsentativen Schlosses entsprach der Bedeutung dieses regierenden Fürstenhauses, das nicht nur an der Thaya über Schlösser und große Ländereien verfügte.

Zwei Namen, die mit der Frühgeschichte dieses Raumes eng verbunden sind, führt die alte Grenzfeste am Dreiländereck zwischen Mähren, Österreich und Ungarn. Die deutsche Bezeichnung Lawentenburg (Laventenpurg) findet sich in einer Urkunde aus dem Jahre 1056, die slawische, Břeclav, wird auf den böhmischen Herzog Břetislaw zurückgeführt, der Mähren mit Unterstützung des deutschen Kaisers von den Polen und den Ungarn in der ersten Hälfte des 11. Jahrhunderts befreit hatte.

Der im Frühjahr nach der Schneeschmelze ansteigende Wasserspiegel des Flusses führte bei *Lundenburg* häufiger zur Bildung von Nebenflüssen und zu bedeutenden Überschwemmungen, die sich erst wieder bei sinkendem Niveau in den Hauptarm zurückzogen. Zum Schutz der Wasserburg von Lundenburg wurden die verschiedenen Thaya-Arme genutzt.

Die Herrschaft stand im 11. und 12. Jahrhundert ebenbürtig neben der anderer Provinzstädte in Mähren. Im Verlauf vieler kriegerischer Auseinandersetzungen der folgenden Jahrzehnte um diese Burg, durch Verwüstungen und Brandschatzungen,

Schloß Feldsberg. Ehrenhof

Rechts: Schloß Ludenburg. Innenhof

Vorherige Seite:
Schloß Feldsberg. Die Residenz
der Fürsten von Liechtenstein

Folgende Seite:
Schloß Lundenburg

verlor die Herrschaft immer mehr an Bedeutung. Eine Karte aus dem frühen 17. Jahrhundert führt Lundenburg schon nicht mehr auf.

Nach wiederholtem Besitzwechsel erwarb 1639 Fürst Gunacker von Liechtenstein die Herrschaft. Im 16. Jahrhundert erfolgte der Umbau der Wasserburg zu einem Wasserschloß im Renaissancestil. Von der mittelalterlichen Burg sind kaum mehr Reste erhalten.

Die vorhandenen Teile des Wasserschlosses Lundenburg, von dem im ersten Stockwerk noch die schönen Laubengänge und das Ausmaß der Gesamtanlage zu bewundern sind, ist erbarmungswürdig. Eine Sanierung ist dringend geboten.

Noch einmal bildet die Thaya im weiteren Verlauf die Grenze zwischen Mähren und Niederösterreich. Auf der österreichischen Seite befanden sich einst zwei bedeutende Wehranlagen, die später zu Schlössern umgestaltet wurden: Die Grenzfeste *Rabensburg*, seit 1382 im Besitz der Fürsten von Liechtenstein, wurde im 17. Jahrhundert zu einem imposanten Wasserschloß umgebaut. Ein Kupferstich von Georg Matthäus Vischer um 1672 zeigt den prachtvollen Ausbau dieser Anlage. Durch die seit dem 19. Jahrhundert geübte Zweckentfremdung hat das

Ehemalige Grenzfeste Rabensburg

Rechts: Ehemalige Grenzfeste Rabensburg,
Innenhof

Schloß Rabensburg um 1672. Kupferstich
von G. M. Vischer

144

Dichter Wald begleitet die Thaya vor der Mündung in die March

Schloß sehr gelitten. Der heutige Zustand läßt den damaligen Ausbau nur noch erahnen.

Unmittelbar an der Mündung der Thaya in die March liegt der Ort *Hohenau*. In der frühen Siedlungsgeschichte hatte dieser Ort mit Sicherheit eine wichtige Verteidigungsfunktion gegen den Osten zu erfüllen, er muß daher über eine entsprechende Festungsanlage verfügt haben. Heute sind weder die Reste einer Burg noch an seiner Stelle ein Schloß zu finden, wie es der bereits erwähnte Georg Matthäus Vischer noch im Jahre 1672 in einem Kupferstich festgehalten hatte.

Auch dieses Schloß wurde 1340 von Hartneid von Liechtenstein erworben. Der Kupferstich von Vischer vermittelt den Eindruck eines Renaissanceschlosses. Während der Bedrohung durch die Türken zu Ende des 17. Jahrhunderts wurde es mit zusätzlichen Befestigungen versehen. Doch schon 1780 wurden die Gräben zugeschüttet und das Gebäude abgetragen. Heute erinnert nur noch der Schloßberg im Ortsbild an Burg und Schloß.

Die letzte Teilstrecke der Thaya vor der Vereinigung mit ihrer großen Schwester March wird auf beiden Seiten von zum Teil tiefhängenden Bäumen begleitet. An dem Zusammentreffen der beiden Flüsse befinden sich die heutigen Grenzen des tschechischen, des slowakischen und des österreichischen Staates.

Folgende Seite: Vereinigung von Thaya und March

147

Fränkisch-bayerische Siedlungsgeschichte
an der Thaya

Die Besiedlung des Landes an der Thaya durch Bayern und Franken reicht in das 11. Jahrhundert zurück. Schon zur Zeit der Kolonisation des Großraumes entlang der Donau durch Kaiser Karl den Großen im 9. Jahrhundert entstand an der Thaya die fränkisch-bayerische Siedlung Ratgaoz am Zusammenfluß der beiden Thaya-Arme, das heutige Raabs an der Thaya. In der Sicherung eines alten Handelsweges von der Donau nach Böhmen und Mähren hatte dieser Siedlungsplatz eine wichtige Funktion.

Die Bedeutung dieses Platzes wird unterstrichen durch die Schaffung der Markgrafschaft Raabs, mit der dieser Ort eine zentrale Bedeutung für die Erschließung des Nordwaldes erhielt. Der bis zur Ankunft der Bayern und Franken unerschlossene urwaldgleiche Nordwald wurde durch die Siedler bis weit hinein in das heutige Böhmen und Mähren zu einer Kulturlandschaft. Hinzu kommt die Tatsache, daß zu dieser Markgrafschaft auch die Burg in Nürnberg gehörte.

Die durch die Einfälle der Magyaren erzwungene Unterbrechung der Ostkolonisation wurde nach der Vernichtung des magyarischen Heeres 955 n. Chr. in der Schlacht auf dem Lechfeld durch Otto den Großen von diesem und den deutschen Kaisern Heinrich II. und Heinrich III. verstärkt fortgeführt. Die Donau und ihre Nebenarme entlang wurde das Siedlungsgebiet, in dem auch unter der Magyarenherrschaft erhebliche Teile der dortigen Bevölkerung verblieben waren, ausgedehnt. Eine wichtige Rolle bei diesem Vordringen der Siedler spielte die Kirche. Wie stark dieser Einfluß war, kommt in einer slawischen Siedlung am Oberlauf des Kamp-Flusses deutlich zum Ausdruck. Die Vorgänge um diese Siedlung beleuchten auch die Siedlungsgeschichte unter der magyarischen Vorherrschaft und machen deutlich, daß der Einfluß der Kirche erhalten geblieben ist und die vorhandenen Siedlungen weiter Bestand hatten. Erst in den letzten Jahrzehnten wurde eine befestigte Höhensiedlung in Thurnau bei Gars freigelegt. Es handelt sich um die befestigte Anlage eines Slawenfürsten, des »venerabilis vir« Joseph, um eine Siedlung am Steilabfall zum Kamp um das Jahr 900. Die erste Befestigungsmauer wurde später – bedingt wohl durch das Wachsen der Siedlung – durch eine zweite, größere Mauer ergänzt. Der Ausbau der Siedlung zu einer befestigten Anlage war offensichtlich gegen die Angriffe der aus dem Osten kommenden Rei-

Das Ulrichskreuz. Erinnerung an die Schlacht auf dem Lechfeld 955

150

terscharen der Magyaren gerichtet, die ja bereits im Jahre 906 das Heer der Mährer vernichtend geschlagen hatten.

Das gute Verhältnis zu Bayern ergibt sich aus der Tatsache, daß der Freisinger
Kirche ein größeres Areal am Kamp geschenkt wurde und Bischof Waldo von Frei-
sing zur Entgegennahme der Schenkung in diese Höhensiedlung reiste. Bis zum
Beginn des 11. Jahrhunderts ist diese slawische Siedlung nachgewiesen, sie wurde
erst von den Babenbergern vernichtet.

Der Einfluß des Passauer Hochstiftes, zum Teil auch von Regensburg, Frei-
sing und Nieder-Alteich auf die Siedlungsgeschichte wird deutlich durch die
Schenkungen der Könige im Grenzgebiet an der Thaya bereits im 11. Jahrhundert.
Alles herrenlose und eroberte Land gehörte dem König. Teile dieser Ländereien
wurden an Hochstifte, Klöster und Edelleute verschenkt. Das Hochstift Passau,
das eigentliche Zentrum für Niederösterreich bis zur Thaya, erhielt 1056 Herren-
Baumgarten unweit von Feldsberg zugesprochen. Das von dem Bischof Altmann
(1051–1091) um 1072 gegründete Stift Göttweig hatte Pfarren in verschiedenen
Orten im späteren Grenzgebiet zu Mähren. Unter anderen in Jetzelsdorf seit dem
Jahre 1053, in Pfaffendorf und Unternalb bei Retz seit 1083. Altmann, der ursprünglich als Bischof von Passau eingesetzt war, bemühte sich von Göttweig aus
um die Sicherung des Grenzgebietes. Als päpstlicher Legat des Markgrafen Leo-
pold II. (1075–1095) unternahm er Visitationsreisen durch die Ostmark. 1080
besuchte er die Orte Pernegg und Raabs. In Raabs weihte er das Gotteshaus ein.
In enger Beziehung zu Passau stehen seit etwa 1050 die Pfarrorte Retz, Pulkau und
Weitersfeld. Kleinbaumgarten, Gaubitsch, Kleinhadersdorf gehörten seit 1063 zu
Passau, Hohenau an der Thaya seit 1048 zu Nieder-Alteich und das Gebiet um
Feldsberg (Regensburger Lutz) seit 1040 zum Hochstift Regensburg.

Welche Bedeutung der Raum beiderseits des Kamp-Flusses, nach Norden zur
Thaya und nach Osten zur March, hatte, zeigt die Tatsache, daß der Markgraf Leopold II. (1075–1095) seinen Sitz in der Burg in Gars hatte und wahrscheinlich
auch dort beerdigt wurde. Der Kamp spielte schon zu Beginn des 11. Jahrhunderts
eine wichtige Rolle, wie die Schenkung Kaiser Heinrichs II. vom 1. November
1002 erweist, als er 20 Königshufe zwischen den Flüssen Kamp und March an den
Markgrafen Heinrich gab.

Bereits um das Jahr 1040 wurde die Thaya als Grenze zu Mähren und die
March als Grenze zu Ungarn errichtet. Die von Heinrich III. geschaffenen Grenz-
sicherungen, die »Böhmische Mark« und die »Ungarische Mark«, sollten den
Raum gegen Norden und Osten schützen. Für die Begrenzung der beiden Marken
wird der Ort Tracht (= Strechtin) am Nordbogen des Thayalaufes in der Nähe von
Nikolsburg genannt. Eine Linie von Tracht nach Süden bis zur Mündung der
Fischa in die Donau stellte die Begrenzung der beiden Marken gegeneinander dar.

Bischof Altmann

Im Osten dieser Linie erstreckte sich die Ungarische Mark, westlich davon die Böhmische Mark. Aus den Altaicher Annalen zum Jahre 1042 ergibt sich eine Ausdehnung der Böhmischen Mark vom Thaya-Durchbruch bei Frain/Hardegg bis zu den Falkensteiner und den Pollauer Bergen. Die Festsetzung der Thaya als Grenze zwischen Mähren und der Ostmark wird auf die Vertragsverhandlungen zwischen Kaiser Heinrich III. und dem böhmischen Herzog Břetislaw zurückgeführt. Das Siedlungsgebiet der Bayern und Franken reichte schon zu dieser Zeit nach Norden über die Thaya hinaus.

Die Grenze entlang der Thaya hatte jedoch nicht lange Bestand. Markgraf Leopold II. von Österreich verweigerte dem deutschen Kaiser die Unterstützung im Investiturstreit mit Papst Gregor VII. Der Kaiser beauftragte seinen »getreuen Vasallen«, den böhmischen Herzog Wratislaw, den Markgrafen zur Ordnung zu rufen. Wratislaw rückte mit einem Heer in die Ostmark ein und verwüstete Teile des Landes. Leopold mußte sich schließlich dem Willen des Kaisers beugen, um sein Land nicht endgültig zu verlieren. Zum Dank erhielt Wratislaw vom Kaiser für seine Person die Königswürde als Wratislaw II. und territoriale Zugeständnisse an der Südgrenze Mährens. Auf eine weite Strecke wurde die Grenze im Jahre 1085 nach Süden verlegt.

Der Grenzverlauf im Thaya-Bogen um die Stadt Nikolsburg wird in bezug auf die zeitlich eingetretenen Veränderungen unterschiedlich beurteilt. Während einige Historiker davon ausgehen, daß die Pollauer Berge nur für kurze Zeit nach 1040 zur Böhmischen bzw. Ungarischen Mark gehörten, wird von anderen Historikern die Verlegung der Grenze im westlichen Teil des Thaya-Bogens um Nikolsburg in die Jahre 1176–1179 und im östlichen Teil um das Jahr 1235 angenommen.

König Přemysl Ottokar von Böhmen

Eine weitere Grenzänderung – in diesem Fall am Oberlauf des mährischen Thaya-Armes – hing mit der Machtpolitik des böhmischen Königs Přemysl Ottokar II. zusammen. Die von Kaiser Friedrich Barbarossa im Jahr 1179 bestimmte Grenze zu Böhmen und Mähren, mit der die von den Bayern und Franken geschaffenen Siedlungen im Nordwald unter den Schutz Niederösterreich gelangten, wurde durch die Zuteilung von Herrschaftsgebieten an böhmische Vasallen nach dem Tod des letzten Babenbergers Friedrich des Streitbaren um das Jahr 1278 zu Lasten Niederösterreichs nach Süden verlegt. Přemysl Ottokar II. hatte nach dem Tod des letzten Babenbergers dessen um 20 Jahre ältere Schwester Margarete geheiratet und sich mit dieser Heirat in den Besitz großer Teile Österreichs gebracht. Zur Sicherung seiner Macht im Grenzgebiet holte er böhmische Lehensleute in diesen Raum und verschob damit die Grenze zu seinen Gunsten. Am stärksten betroffen waren davon die Siedlungsgebiete der Reichsgrafschaft Raabs um Neubistritz und Zlabings. Diese Gebiete blieben auch nach seinem Tod in der Schlacht

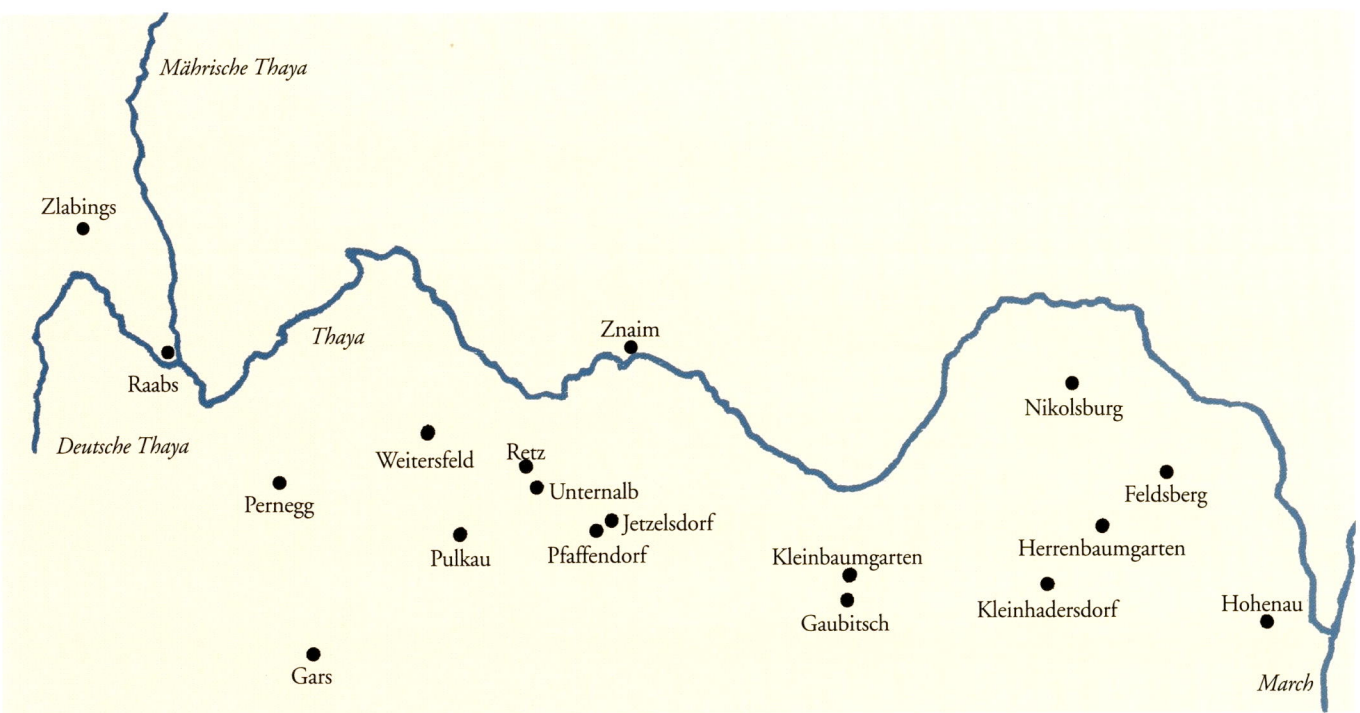

auf dem Marchfeld im Machtbereich böhmischer Lehensleute und weiterhin für Niederösterreich verloren.

Die letzte Grenzkorrektur zwischen Niederösterreich und Mähren erfolgte nach dem Ersten Weltkrieg. 1918 besetzte tschechisches Militär das Gebiet um die Stadt Feldsberg, obwohl es sich um ein rein deutsches Gebiet handelte. Entgegen den Prinzipien des Selbstbestimmungsrechtes der Völker, unter dem die Friedensverhandlungen standen, wurde diese tschechische Okkupation im Friedensvertrag von St. Germain von den Siegermächten akzeptiert. So entstand die endgültige Staatsgrenze zwischen Österreich und Böhmen und Mähren.

Die durch Machtpolitik veränderten Grenzziehungen änderten jedoch nichts an der ethnischen Zusammensetzung der Bevölkerung im Land an der Thaya. Eine fast tausendjährige Siedlungsgeschichte in Südmähren im nördlichen Teil des Landes an der Thaya, endete 1945 mit der Vertreibung der Menschen, die über Generationen das Land kultiviert und zu einer fruchtbaren und blühenden Landschaft entwickelt hatten.

Literatur

Ausstellungskatalog »1000 Jahre Babenberger«, Wien 1976

Bacher, Karl, Agsong vo dahoam, Wels 1983

Barta, Karl, Heimatbuch der Stadt Raabs a.d. Thaya, Horn 1965

Bornemann, Felix, Kunst und Kunsthandwerk in Südmähren, Geislingen 1990

Bornemann, Hellmut, 800 Jahre Stift Klosterbruck, Geislingen 1990

–, Znaim – Das Stadtrechtsbuch von 1523, Geislingen 1992

–, Die Wahrheit siegt! Siegt die Wahrheit?, Geislingen 1998

Bornemann, Karl, Napoleon bei Znaim, Geislingen 1975

Bosl, Karl, Die Markengründungen Kaiser Heinrich III. auf bairisch-österreichischem
    Boden. In: Schriftenreihe zur Bayerischen Landesgeschichte, München 1944

–, Handbuch der Geschichte der Böhmischen Länder, Bd. I, Stuttgart 1967

Bosl, Karl, Europa im Mittelalter, Wien 1970

Braumeis, Walther, Das Thayatal – Landschaft, Geschichte, Kultur, St. Pölten 1983

Bretholz, Berthold, Geschichte Böhmens und Mährens, Reichenberg 1924

Brunner, Karl, Herzogtümer und Marken vom Ungarnsturm bis ins 12. Jahrhundert.
    In: Österreichische Geschichte, hrsg. von Wolfram Herwig, Wien 1994

Codex Diplomaticus et Epistolaris Moraviae

Čapka, Franti?ek, D?jiny Zemí Korony ?eské v Datech, Prag 1998

Diwald, Hellmut, Geschichte der Deutschen, Frankfurt-Berlin-Wien 1978

Dudik, B., Mährens Allgemeine Geschichte, Bd. 1, Brünn 1860

Enzenhofer, Wilfried (Hrsg.), Hardegg und seine Geschichte, Wien 1976

Festschrift: 900 Jahre Stift Göttweig, 1083–1983, Wien 1983

Friesinger, Herwig, Vorbabenbergerzeitliche und babenbergerzeitliche Archäologie in Nie-
    derösterreich. In: Ausstellungskatalog »1000 Jahre Babenberger«, Wien 1976

–, Spuren unserer Vergangenheit. In: Ders.; Vacha, Brigitte, Die vielen Väter Österreichs,
    Wien 1987

Gnirs, Anton, Beiträge zur Geschichte und Geographie Böhmens und Mährens in der Zeit des
    imperium romanum, Bonn 1976

Görlich, Romaning, Geschichte Österreichs, Wien 1995

Gundolf, Hubert, Um Österreich! Schlachten unter Habsburgs Krone, Graz-Stuttgart
    1995

Gutkas, Karl, Geschichte des Landes Niederösterreich, St. Pölten 1973

–, Das Land Österreich zur Zeit der Babenberger. In: Ausstellungskatalog »1000 Jahre Baben-
    berger«, Wien 1976

Hadam, Hans, Wie die Grafschaft Raabs mit Neubistritz, Landstein und Litschau an die
    Rosenberger kam. In: Südmährisches Jahrbuch, Geislingen 1976

–, Die ersten hundert Jahre von Neubistritz. In: Südmährisches Jahrbuch, Geislingen 1984

–, Das Neubistritzer Schloß im Mittelalter. In: Südmährisches Jahrbuch, Geislingen 1983

Hantsch, Hugo, Die Geschichte Österreichs, Graz-Wien-Köln 1959

Heilsberg, Franz, Geschichte der Kolonisation des Waldviertels. In: Jahrbuch für Landeskundes von Niederösterreich VI, Wien 1907

Hirsch, Hans, Zur Entwicklung der Böhmisch-Österreichisch-Deutschen Grenze. In: Jahrbuch des Vereins für Geschichte der Deutschen in Böhmen I, Wien 1926

–, Die Entstehung der Grenze zwischen Niederösterreich und Mähren. In: Deutsches Archiv für Landes- und Volksforschung I, Leipzig 1937

Hoffmann, Emil, Lexikon der Steinzeit, München 1999

Hofmann, Otto, Der Flußname Thaya – germanisch. In: Südmährisches Jahrbuch, Geislingen 1976

Husa, Václav, Dějiny Československa, Prag 1961

Jekl, Konrad, Die Siedlungsgeschichte. In: Enzenhofer, Wilfried (Hrsg.), Hardegg und seine Geschichte, Wien 1976

Kaukal, Bruno, Die Probstei Pöltenberg und der ritterliche Kreuzherrenorden mit dem roten Stern. In: Südmährisches Jahrbuch, Geislingen 1993

Kleindel, Walter, Österreich – Daten zur Geschichte und Kultur, Wien 1993

–, Die Chronik Österreichs, Gütersloh 1994

Knapp, Othmar, Raabs a.d. Thaya – 900 Jahre Siedlungsraum, 50 Jahre Stadt, Raabs a.d. Thaya 1976

–, 900 Jahre Pfarre Raabs, Raabs a.d. Thaya 1982

Kreuzer, Anton, Geschichte Südmährens, Bd. I, Geislingen 1975

–, Die Besiedlung des Raumes Zlabings und Neubistritz, 1973

Klebel, E., Die Ostgrenze des Karolingerreiches. In: Jahrbuch für Landeskundes von Niederösterreich N.F. 21, Wien 1928

Lampel, Josef, Die Gemärke des Landbuches. In: Jahrbuch für Landeskundes von Niederösterreich VI, Wien 1907

Lang, Johann, Die Thaya und der Thayaboden. In: Südmährisches Jahrbuch, Geislingen 1994

Lechner, G.M., Altmann von Passau und seine Gründung Göttweig. In: Ausstellungskatalog »1000 Jahre Babenberger«, Wien 1976

Lechner, Karl, Alte Kultstätten in Niederösterreich, Wien 1936

–, Geschichte der Besiedlung und der ursprünglichen Grundbesitzverteilung des Waldviertels, Wien 1924

–, Die territoriale Entwicklung von Mark und Herzogtum Österreich. In: Unsere Heimat, Wien 1953

–, Die Besiedlung und Herrschaftsgeschichte des Waldviertels. In: Das Waldviertel, Wien 1937

–, Die Babenberger, Markgrafen und Herzöge 976–1246, Wien-Köln-Graz 1976

Mitscha-Märheim, Herbert, Die Grenzen zwischen Ostmark, Ungarmark und Böhmische Mark im Spiegel der Flurnamen. In: Mitteilungen der Geographischen Gesellschaft 80, Wien 1937

–, Dunkler Jahrhunderte goldene Spur, Wien 1963

Pittner, F., Ehrenspiegel der königlichen Stadt Znaim. In: Hormayer, J. Freiherr von, Archiv für Geographie, Historie, Staats- und Kriegskunst 12, Wien 1821

Prinz, Friedrich, Deutsche Geschichte im Osten Europas – Böhmen und Mähren, Berlin 1993

Richter, Karl, Die Böhmischen Länder im Früh- und Hochmittelalter. In: Bosl, Karl, Handbuch der Geschichte der Böhmischen Länder, Bd. I, Stuttgart 1967

Röhrig, Floridus, Die Kirche in der Zeit der Babenberger. In: Ausstellungskatalog »1000 Jahre Babenberger«, Wien 1976

Sealsfield, Charles (d.i. Karl Postl), Das Kajütenbuch, Leipzig 1959

–, Österreich wie es ist, Wien 1919

Seibt, Ferdinand, Glanz und Elend des Mittelalters, Berlin 1987

Schickel, Alfred, Geschichte Südmährens, Bd. II, Geislingen 1996

Scheuch, Manfred, Historischer Atlas Österreich, Wien 1994

Vrbka, Anton, Gedenkbuch der Stadt Znaim, Nikolsburg 1927

Wagner, Wilhelm J., Der große Bildatlas zur Geschichte Österreichs, Wien 1995

Wegener, Wilhelm, Böhmen, Mähren und das Reich im Hochmittelalter, Köln-Graz 1959

Wendrinsky, Johann, Die Grafen von Raabs. In: Blätter des Vereins für Landeskunde von Niederösterreich XII, Wien 1878

Wolfram, Herwig, Grenzen und Räume. Geschichte Österreichs vor seiner Entstehung. In: Ders. (Hrsg.), Österreichische Geschichte, Wien 1994

Wolf, Hans, Falkenstein, seine Berge, Geschichte und Baudenkmäler, Wien 1959

Zöllner, Erich, Geschichte Österreichs, Wien-München 1990

Altenburg 68

Althart 40

Deutsch-tschechisches Ortsnamenverzeichnis

Althart	Staré Hobzí	Piesling	Písečné
Altschallersdorf	Starý Šaldorf	Pohanska	Pohansko
Brünn	Brno	Pöltenberg	Hradiště
Datschitz	Dačice	Pollau	Pavlov
Dürnholz	Drnholec	Pollauer Berge	Pavlovské Vrchy
Eisgrub	Lednice	Poppitz	Popice
Erdberg	Hrádek	Prag	Praha
Feldsberg	Valtice	Pressburg	Bratislava
Frain	Vranov	Rosenburg	Divči Hrady
Freistein	Pohradi na Dyji	Teltsch	Telč
Gnadlersdorf	Hnanice	Thaya	Dyje
Heinrichschlag	Jindřis	Tracht	Strachotin
Joslowitz	Jaroslavice	Ulrichschlag	Oldřiš
Klosterbruck	Louka	Unterwisternitz	Dolní Věstonice
Lundenburg	Břeclav	Vöttau	Bitov
Muschau	Mušov	Zlabings	Slavonice
Neubistritz	Nová Bystřice	Zornstein	Cornštejn
Neuhäusel	Nový Hrádek	Znaim	Znojmo
Nikolsburg	Mikulov	Zuckerhandel	Suchordly
Otterschlag	Otín		u Znojma

Ortsregister

Personenregister

Bildnachweis

Alle Abbildungen aus dem Archiv des Verfassers und der Buchverlage
Langen Müller Herbig, außer:
Klaus König (22/23, 23, 24, 25, 26/27, 30, 30/31, 32, 46, 56, 58, 59, 60, 72/73,
82/83, 84/85, 111, 144, 145)
Archiv Neumeister (126)
Josef R. Schönhofer (Titel, 2, 3, 4, 48, 74/75, 76/77, 80, 81)
C. Weber (50, 92, 94, 100, 103, 118, 127, 152)
Wolfgang Znaimer (Titel, 1, 20, 21, 34, 36/37, 38/39, 39, 40/41, 42/43, 64,
65 oben, 65 unten, 66/67, 68/69, 70, 71, 78, 92, 115, 118, 120/121, 123, 131,
132/133, 134, 136/137, 138/139, 140, 141, 142/143, 146, 147/148)

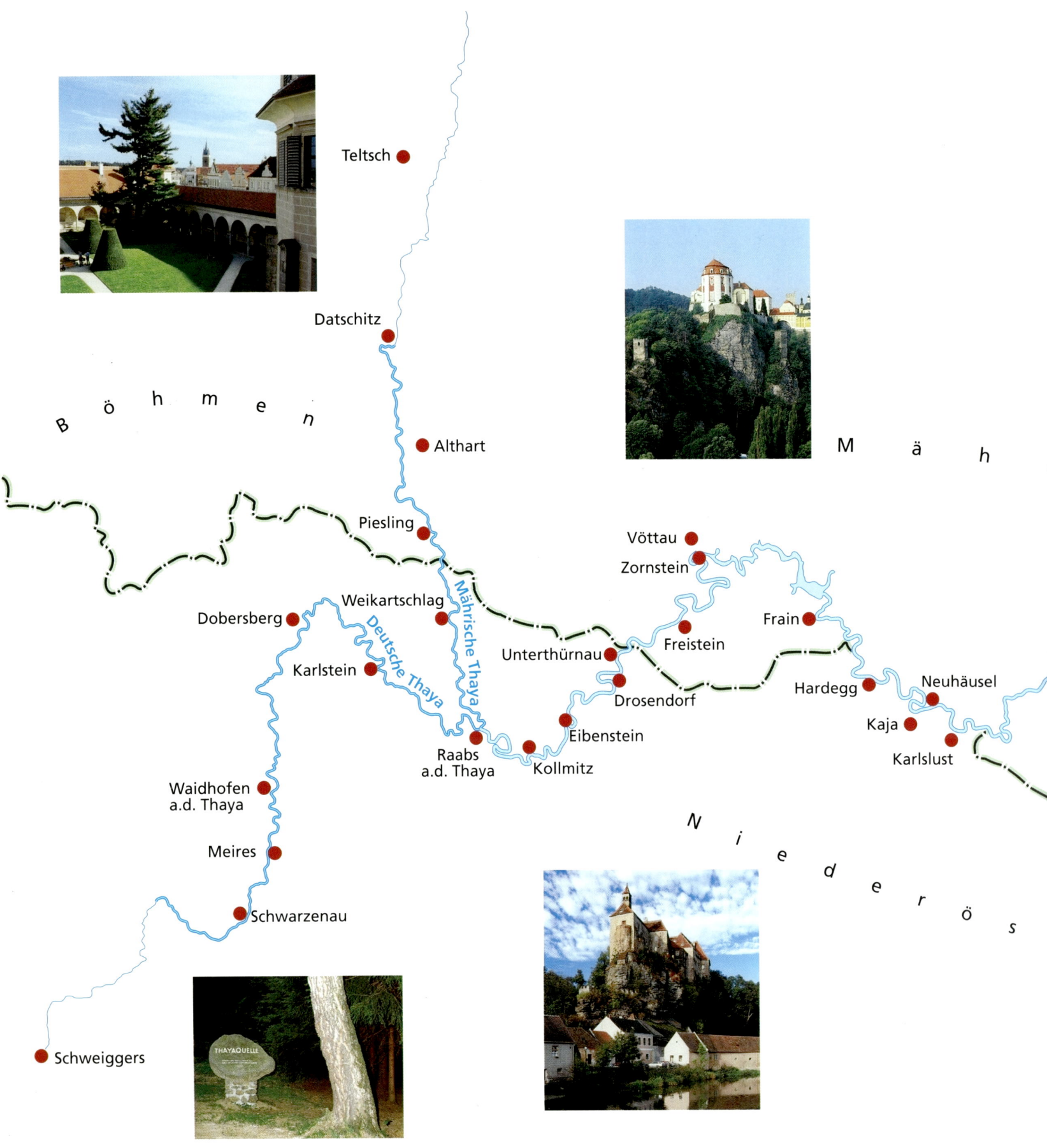

Teltsch

Datschitz

B ö h m e n

Althart

M ä h r

Piesling

Mährische Thaya

Vöttau

Zornstein

Weikartschlag

Dobersberg

Deutsche Thaya

Frain

Freistein

Karlstein

Unterthürnau

Hardegg

Neuhäusel

Drosendorf

Eibenstein

Kaja

Raabs
a.d. Thaya

Kollmitz

Karlslust

Waidhofen
a.d. Thaya

N i e d e r ö s

Meires

Schwarzenau

Schweiggers

THAYAQUELLE